Peter Schütt
Imam Seyed Mehdi Razvi
Gespräche. Gedichte. Gedenken.

mit einem Vorwort
von Karam Khella

Schütt, Peter:
Imam Seyed Mehdi Razvi – Gespräche. Gedichte. Gedenken.
Hrsg.: Peter Schütt
Theorie und Praxis Verlag Hamburg
– 2., erweiterte Auflage – 2015
3. Auflage 2016

ISBN 978-3-939710-20-2

Theorie und Praxis Verlag
Goldbachstr. 2
D 22765 Hamburg, Tel: 040 – 38613849
Mail: info@tup-verlag.com

Kalligraphien mit freundlicher Genehmigung von:
Lahsen Azougaye

Foto Umschlagrückseite:
Jasmin Eikmeier

Peter Schütt

Imam Seyed Mehdi Razvi

Gespräche.
Gedichte.
Gedenken.

Mit einem Vorwort von Karam Khella

Imam Mehdi Razvi
Gespräche über Gott und die Welt

Vorwort von Karam Khella

Das glückliche Ehepaar schaute das Baby an und strahlte vor Glück. Nach einem Namen wurde nicht lange gesucht. „Mehdi“, der „Rechtgeleitete“, wurde er genannt. „Mehdi“ impliziert auch den „Hadi“, daß er nämlich auch andere zum Rechten anleitet.
Der Nomen wurde zum Omen. Das Leben Mehdi Razvis realisierte die Sinngebung.
Geboren wurde er in Indien. Mit der Eigenstaatlichkeit Pakistans wurde auch Mehdi Razvi umgebürgert. Seit dem 15.08.1947 ist Mehdi Razvi pakistanischer Staatsbürger. Zeitlebens war Mehdi stolz darauf, durch seine Sozialisation beide Kulturen, die indische und die islamische, in sich zu vereinen.

Diejenigen, die ihm den Namen „Mehdi“ gegeben haben, sorgten auch dafür, daß er ihn mit Leben erfüllt. Er wurde fromm erzogen. „Mehdi“ wurde zu „Mahdi“.

Ich persönlich habe Mehdi Razvi im Frühjahr 1962 in Hamburg kennengelernt. Hierher in die Hansestadt zog er schon vor langer Zeit zusammen mit seiner deutschstämmigen Ehefrau Ingrid ein. Ich selber musste Anfang April 1962 nach Hamburg umziehen, um einer Berufung der Universität Hamburg nachzugehen. Mehdi Razvi lehrte an demselben Institut wie ich. Wir hatten noch ein halbes Jahrhundert Zeit, um uns kennenzulernen, auszutauschen und unsere Freundschaft zu vertiefen. Aus unmittelbarer Nähe konnte ich die Entwicklung Mehdi Razvis beobachten und schätzen lernen. Wir richteten ein regelmäßiges Colloquium ein, an dem auch Dr. Abdeljawid Falaturi, ein qualifizierter Mugtahid, Dr. Ahmed Akdogan und Dr. Mustafa Mumcu teilnahmen. In diesem Gelehrtenkreis mitzuwirken und fachlich zu kommunizieren, war für uns alle ein großer Gewinn. Es war ein Privatissimum, das wir gelegentlich öffneten, so daß ein breiterer Kreis an der Sitzung teilnehmen konnte.

Mehdi war ein Mensch von großer Gelehrsamkeit, hoher Kultur und tiefer Frömmigkeit. Seine Beiträge bereitete er sorgfältig vor. Bevor er eine Frage beantwortete, behielt er sich eine Bedenkzeit vor.

Sehr gern denke ich an die Debatten im Rahmen des Arbeitskreises für den christlich-islamischen Dialog zurück. Das Projekt war die erste oder eine der frühesten Initiativen zum Aufbau des „christlich-islamischen Dialogs". Ziel war die Neugestaltung der christlich-islamischen Beziehungen. Die Gründung ging von der Kommission „Faith and Order" des Weltkirchenrates mit Sitz in Genf aus. Ich war beauftragt, eine Auswahl von muslimischen Gelehrten zur Teilnahme und Mitwirkung bei dieser Initiative einzuladen. Die Präsenz und die Beiträge von Mehdi Razvi waren für alle Beteiligten eine wertvolle Bereicherung.
Vorrangig stand die theologische Verwandtschaft beider Religionen – des Christentums und des Islams – im Mittelpunkt, darunter Monotheismus, Christologie, Mariologie, Tawhid (Monismus), Gebet, Fasten, Zakat u.a.m.
Bei allem konnte man davon ausgehen, daß Mehdi Razvi die orthodox-islamische, strengkoranische Auffassung vertreten wird.

Als Mehdi Razvi seine Tätigkeit an der Universität Hamburg beendet hatte, konnte er sich den Aufgaben im Rahmen der islamischen Gemeinde in Hamburg voll widmen. Mit großem Elan gestaltete er seine Arbeit als Imam an der Imam Ali Moschee an der Alster. Er richtete Schulungskurse ein, u.a. zur „Koran-Auslegung und Interpretation", zur „Islamischen Jurisprudenz" und zur „islamischen Philosophie". Die Geschichte des Islams in Deutschland und besonders in Hamburg ist von der Vita Mehdi Razvis nicht abzukoppeln.

Die Beiträge Mehdi Razvis waren gekennzeichnet durch ein ganzheitliches Konzept unter Beachtung des koranischen Bezugs und der Betonung spiritueller Aspekte. Mehdi Razvi ist einer der bedeutendsten Geistlichen des 20./21. Jahrhunderts. Sein erbaulicher Diskurs hebt sich gegen die Sprache unserer Zeit deutlich ab, wie eine Oase in einer öden Landschaft.

Schon bei seiner Konvertierung zum Islam entdeckte Peter Schütt die geistige Nähe zu Imam Razvi. Dieser seinerseits schätzte ihn sehr. Es war schon lange nicht mehr ein Lehrer-Schüler-Verhältnis, sondern eine kollegiale und freundschaftliche Beziehung.
Daß die beiden Gelehrten Razvi und Schütt gemeinsam an Arbeitskreisen wirkten, erhöhte die Bedeutung und die Attraktivität der Lerngruppen. Die Persönlichkeit von Mehdi Razvi hat maßgeblich zur Rezeption und zur Rehabilitierung des Islams in Europa beigetragen.
Die aktuelle Renaissance des Islam hat ihre vielfältigen Motoren und Motivationsfaktoren. Zu diesen gehören ganz gewiß das Leben und das Werk Mehdi Razvis sowie das Engagement von Peter Schütt.

Die Lehren Mehdi Razvis haben ihre besondere Substanz. Der Meister war in der islamischen Tradition fest verwurzelt. Razvi hat jedoch das Überlieferungsgut nicht einfach reproduziert, vielmehr hat er es mit neuem Geist gefüllt und aktualisiert. Die Klassik wurde zu neuem Leben erweckt und in unsere Gegenwart transponiert.

Razvi war kein Massenredner. Seine Bedeutung und Beliebtheit erlangte er dadurch, daß ein Kreis suchender Menschen ihn entdeckt hat. Er vermochte es, auf ihre Bedürfnisse und Erkenntnisinteressen einzugehen. Gerne ließen sich Menschen unterschiedlicher Altersgruppen und sozialer Herkunft von ihm schulen. Seine Kenner und Sympathisanten sind es, die zu Trägern seiner Lehre und seiner Spiritualität geworden sind.

Nun liegt uns ein erstes Werk über die Lehren Imam Razvis vor. Ihre Aufbereitung für den Druck und ihre Veröffentlichung garantieren für ihren Verbleib, auf daß auch Generationen nach uns davon profitieren können.

Es ist eine glückliche Fügung, daß der Schriftsteller Peter Schütt sich des Werkes Mehdi Razvis angenommen und es zum Gegenstand einer eigenständigen Monographie erhoben hat.
Wir sind Peter Schütt für seine Leistung zur Aufarbeitung des geistigen Erbes Imam Razvis sehr dankbar. Peter Schütt war in der Lage, die von Razvi vertretenen Inhalte zu systematisieren und sie publizistisch so aufzubereiten, daß eine breite Öffentlichkeit davon profitieren kann.

Aufrichtiger Dank gilt dem Team des Theorie und Praxis Verlags dafür, daß das Razvi-Schütt-Buch in das Verlagsprogramm aufgenommen werden konnte.

Karam Khella

Pakora, Manna und Kampfer im Stadtpark

Eine philosophische Parkwanderung mit Imam Razvi

Mein Imam war ungehalten. Obwohl ich den kürzeren Weg hatte und nur wenige Minuten zu Fuß bis zu unserem vereinbarten Treffpunkt am U-Bahnhof Borgweg gehen musste, war ich vier Minuten zu spät zur Stelle. Imam Razvi waren dagegen auf die Minute pünktlich gewesen. „Ich verstehe nicht", redete er mir ins Gewissen, „warum Sie ausgerechnet die schlechteste Angewohnheit meiner Landsleute nachahmen wollen, ihre notorische Unpünktlichkeit und Unzuverlässigkeit! Wenn ich eines an den Deutschen liebe, dann ist das ihre Zuverlässigkeit, nicht nur wenn es um die Einhaltung von Terminen geht."

Mein Imam ist in Erzähllaune. „Mein Großvater, ein indischer Maharadscha, wie er im Buche steht, war sehr stolz auf einen Brief, den er von seinem Dichterfreund Mohammad Iqbal von seiner Deutschlandreise bekommen hat. Darin steht als wichtigste Nachricht: *„Hier fahren die Züge wirklich, wie es im Fahrplan steht, pünktlich auf die Minute und nicht wie bei uns in Indien irgendwann, inschallah.*" „Inschallah": damit ist mein gelehrter Gesprächspartner bei einem seiner Lieblingsthemen angekommen. „Meine Landsleute, aber viele andere Muslime, benutzen dieses Zauberwort bei jeder passenden und unpassende Gelegenheit. Sie tun sich damit fromm, aber in Wirklichkeit benutzen sie ihr „So Gott will" nur als faule Ausrede, als Vorwand, als Alibi dafür, dass sie zu faul sind, sich selbst zu entscheiden und selber etwas zu tun. Ich empfinde so ein Reden geradezu als gotteslästerlich, als Ausdruck einer Sklavenmentalität, die mich jedes Mal von Neuem in Zorn bringt."

Vorbei am *Landhaus Walter* steuern wir direkt auf die Festwiese zu. Dort verteidigt an sonnigen Sonnabenden und Sonntagen jedes Völkchen nach Art der Seevögel seine Brutkolonie. Wir brauchten nur der Spur unserer Nase zu folgen. Das Picknick-Gelände, das die Pakistani schon seit Jahrzehnten für sich in Beschlag genommen haben, liegt am Südrand der Wiese im Halbschatten von hohen Eichen und Platanen. „Ich rieche den paradiesischen Duft aus den Küchen meiner Heimat“, schwärmt mein Lehrer und macht mir den Mund wässrig mit der mundgerechten Beschreibung der Appetithäppchen aus der pakistanischen Kochkunst. „Am liebsten mag ich Pakora, eine Paste aus Kichererbsen, Zwiebel und Ingwer, so wie sie unsere Schwester Rashida mit viel Geschick und Geschmack hervorzaubert. Man streicht sich die Pakora auf unser selbst gemachtes und frisch gebackenes Brot, das bei uns Chabatti heißt. Auch „Saag“ mag ich für mein Leben gern, eine Teigtasche, die mit Spinat, Käse oder Lammfleisch und vielen Kräutern gefüllt wird. Hinterher wird dann zum Tee Halwa und Puri gereicht, eine Art Blätterteig, den jeder auf seine Art zubereitet.“ Die pakistanische Küche, erfahre ich aus berufenem Munde, ist eigentlich eine Armenküche. Sie kommt im Gegensatz zu den iranischen und arabischen Ländern mit wenig Fleisch aus, verwendet die verschiedensten Linsensorten und Kichererbsen und legt viel Wert auf pikante, aber nicht unbedingt scharfe Gewürze.
Imam Razvi, der selber gut und gerne kocht und die abrahamitische Gastfreundschaft pflegt, ist beileibe kein Asket. In Riechweite der Köstlichkeiten aus der heimatlichen Küche wird er zum bekennenden Genussmenschen. „Wie sollen wir die Früchte des Paradieses genießen können, wenn wir nicht vorher auf Erden wenigstens einen kleinen Vorgeschmack darauf bekommen haben! Der Garten Eden liegt doch nicht in fernster Vergangenheit und nicht in noch fernerer Zukunft. Er beginnt hier und heute. Warum nicht auch hier im Hamburger Stadtpark! Gott kann man hier unten nicht sehen, nicht hören, nicht fühlen, aber man

kann ihn, wenn man Ihn mit unseren fünf oder sieben Sinnen überhaupt erfassen kann, am aller ehesten schmecken. Man kann Seinen Geschmack auf der Zunge zergehen lassen!“

Auf der Wiese wird Imam Razvi wie ein Abgesandter des Himmels begrüßt. Alle haben sich von ihren Plätzen erhoben. Die Frauen öffnen ihre prall gefüllten Picknickkörbe und halten dem unerwarteten Gast ihre Leckereien unter die Nase. Im Unterschied zu den ringsum in der Nachbarschaft lagernden Afghanen, Iranern und Türken, die schon aus praktischen Gründen zumeist in Alltagskleidung in den Park gekommen sind, haben die meisten Pakistani ihren Sonntagsstaat angelegt. Die Männer tragen ihr Scherwan, das dreiviertellange enge Jackett, das ihnen fast ein staatsmännisches Gehabe verleiht. Die Frauen sind in wehenden langen und bunten Kleidern erschienen, dem traditionellen Quamiz, zu dem ein Schelwar, eine farblich abgestimmte, lange Hose gehört. Dazu kommen elegante Schals und viel Schmuck an den Ohren, an den Handgelenken und an den Fingern. Es duftet weithin nach Rosenwasser. Der farbenfrohe Anblick ist für Imam Razvi ebenso wie für mich eine Augenweide, als wären wir mitten in einem tropischen Blumengarten gelandet. Nicht nur was die Sprachen betrifft, wird viel durcheinander geredet.

Die Frauen stellen sich dem Imam mit ihren Vornamen vor, und auch wenn ich kaum ein Wort Urdu verstehe, kann ich doch bald heraushören, dass die meisten von ihnen nach einem der 99 Gottesnamen benannt sind – von Rahima bis Raschida.

Auch wenn ihm jeder Personenkult zuwider ist, kann Imam Razvi nicht verhindern, dass er von einem Teil seiner Landsleute fast wie ein Guru verehrt wird. Die älteren Männer verbeugen sich ehrfurchtsvoll vor ihm. Junge Mädchen bitten darum, er möge ihnen auf den Kopf pusten und ihnen dadurch Segen bringen. Mütter bringen ihm Kinder, damit er ihre Köpfe streichelt.

Meinem Lehrer, den ich bisher vor allem als streitbaren Anwalt einer kritischen und vernunftgeleiteten

Theologie kennengelernt habe, ist diese Form der Volksfrömmigkeit zumindest mir gegenüber ein wenig peinlich. „Meine Landsleute", erklärt er mir, „schreiben mir magische Fähigkeiten zu. Ich habe solche Kräfte nicht. Die einige Kraft, über die ich verfüge, ist mein Gebet, und davon mache ich, wenn ich darum gebeten werde, auch Gebrauch. Wenn immer die Leute, vor allem die Frauen, auf mich zukommen, fordere ich sie auf, selber zu beten statt immer nur andere um Fürbitte zu bitten. Religion ist nicht eine Sache der Theologie, Religion hat viele Aspekte, magische, psychologische und sogar medizinische Dimensionen. Viele der aus Pakistan Eingewanderten stehen noch ganz im Bann ihrer religiösen Traditionen, und gerade diese alten Bräuche sind es, die sie so eng mit ihren hinduistischen oder buddhistischen Nachbarn verbinden. Sie gehören zum religiösen Leben einfach dazu."

Wir lassen es uns schmecken und probieren die verschiedenen Kräutertees, die uns gereicht werden. Offenkundig kocht jede Familie ihren eigenen Tee. Doch dann ist erst einmal Schluss mit dem fröhlichen Gelage. Einer der älteren Herrschaften, angetan mit einer Art schwarzem Gehrock, schaut demonstrativ auf seine Armbanduhr und ruft weithin vernehmbar, dass es Zeit sei zum Gebet. Es ist klar, auf wen diese minutengenaue Zeitansage zielt, auf Imam Razvi. Von allen Versammelten, unter ihnen viele, die sich in der Moschee höchstens zum Fest des Fastenbrechens blicken lassen, wird Imam Razvi bedrängt, das Mittagsgebet zu leiten. Wo? fragt mein Imam.

Hier! bedeutet ihm der Alte, und schon wird vor seinen Füßen ein zimmergroßer Gebetsteppich ausgebreitet, auf dem die große Backsteinmoschee von Lahore dargestellt ist. Die Frage nach dem Wasser für die Gebetswaschung wird ebenso rasch in Gestalt einer silbernen, mit Quellwasser aus Mekka gefüllten Schüssel geantwortet. Dann ruft jemand mit lauter, über die ganze Festwiese hallender Stimme zum Gebet. Jetzt muss Imam Razvi, obwohl nicht im Dienst, seines

Amtes walten. Es fällt ihm wegen seines Alters nicht ganz leicht, sich nach dem Niederbeugen wieder aufzurichten. Ich stelle mich darum an seine Seite und versuche ihm, wenn nötig, mit meiner Handreichung wieder auf die Beine zu helfen. Das Gebet unter freiem Himmel findet bei den muslimischen Gläubigen, die in Gruppen über die ganze Wiese verteilt sind, große Beachtung. Immer mehr Muslime kommen dazu, viele zunächst aus bloßer Neugier, und schließen sich dem Gebet an. Männer und Frauen sind nicht wie in den meisten Moscheen streng voneinander getrennt, sondern beten in Gruppen oder Familienverbänden miteinander. Am Ende reichen sich die Betenden, während sie noch knien, gegenseitig die Hände – ein schöner Brauch, der unter türkischen Gläubigen sonst durchweg unbekannt ist.

Imam Razvi ist sichtlich gerührt, als nach dem Gebet ein anderer seinen Platz einnimmt. Es ist kein Geistlicher, sondern ein Musikant. Kein geringerer als der Meister aus der Hamburger Raga-Schule, Ustad Ashraf Sharif Khan, hockt sich auf einen Schemel vor dem weiten Kreis der Betenden nieder und beginnt auf seiner Sitar seine zu Herzen gehende, zu Tränen rührende Quawwali-Musik zu spielen. Die sanften, einschmiegsamen und meditativen Töne ziehen alle Picknicker in ihren Bann.

Selbst kleine Kinder lauschen verzückt den fremd vertraulichen Klängen. Zunächst verharren alle Zuhörer in andächtiger Stille. Doch als der Sitarspieler die Folge seiner Töne stufenweise steigert, erheben sich die Gäste des Open-Air-Konzerts von ihren Plätzen, klatschen im Rhythmus des Quawwali in ihre Hände und beginnen sogar zu tanzen. „Hab ich Ihnen nicht gesagt“, freut sich mein Lehrer, „der Himmel beginnt schon auf Erden. Schon hier unten hören wir wenigstens mit halben Ohr das Halleluja, von dem das ganze Universum erfüllt ist.“

Mit der dem Schüler gebotenen Höflichkeit dränge ich Imam Razvi zum Aufbruch. Bevor er um vier seinen Vortrag beginnt, zu dem ich ihn eingeladen habe,

möchte ich ihm gern noch ein paar der exotischen Bäume in der Nähe des Sierichschen Forsthauses zeigen – nicht zuletzt in der Hoffnung, er möge zwischen ihnen einige Exemplare finden, die ihm aus seiner Heimat auf dem indischen Subkontinent vertraut sind.
„Warum nicht?“, meint mein Lehrer. „Warum sollte es nicht möglich sein, Bäume von den Südhängen des Hindukusch nach Deutschland zu verpflanzen?
Vielleicht nicht die Bäume aus dem tropischen Süden oder den heißen Wüstenregionen, aber Pflanzen, die weiter im Norden wachsen, können hier bestimmt Wurzeln schlagen und heimisch werden. Schauen Sie mich an! Ich bin doch das beste Beispiel dafür, dass ein pakistanischer Wildtrieb auch auf deutschem Boden gut gedeihen und Früchte bringen kann! Dass ich hier heimisch geworden bin und Boden unter die Füße bekommen habe, verdanke ich meiner Frau. Sie hat mich Nomaden hier sesshaft gemacht und mir und meiner Familie ein Zuhause gegeben. Gott sei Dank!“
Ihre Frau ist die ideale Partnerin für Sie?
„Ideal“, antwortet mir mein Imam, „ist in diesem Fall das treffende Wort. Ich denke, Gott hat für jeden Menschen einen idealen Partner bestimmt. Manche, solche Glückspilze wie ich, finden ihren Partner auf den ersten Blick, andere suchen ein Leben lang, vielleicht sogar vergeblich, und finden erst in der anderen Welt, wonach sie solang Ausschau gehalten haben.“
Und welche Rat können Sie mir geben? Ich bin immer noch auf der Suche!
Mein Meister beantwortet meine Frage mit einem verständnisvollen und mitfühlenden Lächeln.
„Geben Sie nicht auf! Sie haben schließlich nach langer Suche auch mich, ihren Lehrer, gefunden. Warum sollte Sie Gott nicht auch rechtleiten, dass Sie zu guter Letzt ihre ideale Partnerin finden? Vertrauen Sie auf Gottes Rechtleitung! Der letzte der Gottesnamen heißt Saburu, der Geduldige, der vorletzte ist Rashidu, der Rechtleitende! Irgendwo dazwischen liegt vielleicht der Weg, der sie zur Erfüllung ihrer Sehnsüchte führt! Ich werde für Sie beten!“

Ich schweige verlegen. Aber ich fühle mich verstanden und bedanke mich bei meinem Seelsorger.
„Deutsch-pakistanische Kreuzungen", erzählt er, „gedeihen offenbar gut. Das können Sie bei mir zuhause sehen. Ich denke aber auch an die gute Annemarie Schimmel. Erst durch ihre Reise durch Pakistan und ihre viele Begegnungen mit Sufi-Weisen hat sie ihre Liebe zur islamischen Mystik und ihre Bestimmung als Brückenbauerin zwischen den Religionen und Kulturen gefunden. Auch meine Nachfolgerin im Amt, Imamin Halima Krausen, hat mit gutem Grund einen pakistanischen Bruder geheiratet und schöpft aus dieser Beziehung mancherlei geistlichen Gewinn. Dass sie fließend Urdu spricht, erleichtert ihr sicher die rasche Aufnahme in den Himmel."
Sie sind sich sicher, dass dort Urdu gesprochen wird?
„Ziemlich sicher, außer Arabisch, Persisch, Hebräisch natürlich. Deutsch vermutlich auch. Halima hat zudem den Vorteil, dass sie die Gebärdensprache perfekt beherrscht. Da kann sie sich notfalls auch mit Händen und Füßen verständlich machen!"
Mit den Händen: Ja. Auch mit den Füßen?
„Halima ist keine Leisetreterin. Sie kann, wenn sie sich anders kein Gehör verschaffen kann, auch mit den Füßen scharren. An der Moschee hat sie es als einzige Frau unter lauter tollen Mannsleuten gelernt, dass es notwendig sein kann, dem einen oder anderem bei Gelegenheit auf die Füße zu treten."
Flanierend, spazierend und räsonierend sind wir auf unserem Lehrpfad durch den Stadtpark unter den hohen alten Bäumen in der Nähe des Forsthauses angekommen. Bruder Razvi wird nicht müde, die Liebe der Deutschen zu ihren Bäumen und zu ihren Wäldern zu rühmen. „Diese Ehrfurcht vor den hundert- oder tausendjährigen Baumgreisen verbindet die Deutschen mit den Indern. Hier wie dort stehen überall in den Dörfern altehrwürdige und heilige Bäume. Was den Respekt vor unseren pflanzlichen und tierischen Mitgeschöpfen betrifft, können wir Muslime von unseren Schwesterreligionen, vom Hinduismus wie vom Bud-

dhismus, noch eine Menge lernen. Im Koran kommen außer den Dattelpalmen Bäume kaum vor, ganz einfach, weil es in der Wüste, in der unser Prophet und seine Gefährten gewirkt haben, nur selten Bäume gegeben hat. Wir haben es darum in unserer Religion mehr mit den Gestirne, mit der Sonne, dem Mond und den Sternen, zu tun, weil der Himmel über dem Propheten immer weit geöffnet war, auch für Licht aus den höheren Sphären. Da kann es nicht verkehrt sein, zur Ergänzung unseres Weltbildes auch auf die Religionen zu schauen, deren Propheten wie Buddha unter seinem Bodhi-Baum in enger Beziehung zu den Gewächsen in ihrer Umgebung gestanden haben."

Wir stehen unter einer Gruppe von Büschen und Bäumen, deren Stämme, Kronen und Blätter auf eine fremde Herkunft hindeuten. Imam Razvi ist hoch erfreut, als er mehrere Exemplare der Kaukasischen Flügelnuss wiedererkennt. Ihre Blätter sind ellenbogenlang, ihre noch grünen Fruchtstände noch erheblich länger. „Diese dicken Nüsse", erinnert er sich, haben wir zuhause als Kinder körbeweise gesammelt. Die Nüsse wurden meistens an die Ziegen oder die Wildschweine verfüttert."
Schweine im muslimischen Teil Indiens? frage ich.
„Wildschweine!" korrigiert mich mein Lehrer. „Wenn sie überhand nahmen, wurden sie auch gejagt. Das Fleisch bekamen die Hindus. Aber auch arme Muslime haben davon gegessen, weil einige Gelehrte bei uns überzeugt waren, das Schweinefleischverbot im Koran gilt nicht für Wildschweine."
Imam Razvis Redefluss stockt. „Wissen Sie", fragt er mich, „was für ein Baum das ist?" Ich greife mir ein Blatt und komm nach einigem Überlegen zu dem Ergebnis: Das muss eine Art Esche sein!
„Das ist richtig und ist falsch zugleich!", bekomme ich zur Antwort.
„Das ist eine Manna-Esche!"
Manna? frage ich zweifelnd. Das Manna aus der Bibel und dem Koran mitten im Hamburger Stadtpark?

„Sie haben Recht. Zuhause in Indien und Pakistan wird aus dem in der Sommerhitze gehärtetem Harz aus der Baumkrone Manna und fällt in der Trockenzeit wie Kandiszuckerstangen von den Bäumen, zur Freude der Kinder und des Viehs. Hier reicht die Sommerwärme vermutlich nicht aus, um Manna zu hervorzubringen, aber dieser Baum hat das Potential!"
Ein paar Meter weiter wartet schon der nächste aus dem Paradies in die Kälte des Nordens vertriebene Baumflüchtling. „Was könnte das sein?" stellt mich mein Lehrer auf die Probe. Ich tippe nach einer Untersuchung der dicken und harten Blätter auf eine Lorbeerart.
„Lorbeer, das ist nicht so verkehrt. Dies hier ist Kampferlorbeer!"
Kampfer? schüttle ich den Kopf. Das erfrischende Getränk, das im Paradies dem Quellwasser beigemischt wird?
„Ja, darum handelt es sich!" bestätigt mein Lehrer, zu dessen geistlicher Ausbildung auch ein Grundkurs in Botanik gehörte. „Ich vermute, dieser Strauch wird nicht allzu viel hergeben. Dazu ist das Klima hier zu rau. Aber es ist dieselbe Pflanze, aus deren Blattgrün, aus deren Beeren und deren Holz das Ravintsana-Öl gewonnen wird. Das ist der Urdu-Name für Kampfer. Es wurde seit altersher von Indien nach Arabien exportiert. Die Familie des Propheten, die Qureschis, hat es auf ihren Karawanenzügen über den Jemen bis nach Mekka gebracht und dort gewinnbringend verkauft."
Bei aller Verehrung – ich bleibe skeptisch. Ich versuche es mit leiser Ironie. Hochverehrter Meister, Sie sind ein Paradiesvogel! Sie verwandeln den Hamburger Stadtpark in einen Vorgarten des Paradiesgartens!
Imam Razvi lacht. „Sie haben es erfasst. Nichts anderes versuche ich zu lehren. Der Garten Eden liegt nicht im Jenseits, er liegt vor unserer eigenen Haustür. Es liegt an uns Menschen, ob wir unsere Erde zu einer Hölle oder zu einem Paradies machen. Der ewige Friede ist in meinen Augen keine leere Utopie, sondern ein reales Ziel."

Das ist ein wunderbares Stichwort für mich, den unbelehrbaren Pazifisten. Stolz zeige ich meinem geistlichen Lehrer den Friedenspfahl neben dem Planetarium. Er trägt auf Deutsch, Japanisch, Hebräisch und Englisch die Aufschrift „Möge Frieden sein!“ Solche Friedenspfähle, kann ich berichten, stehen mittlerweile auf allen Erdteilen, vor Kirchen, Moscheen und Synagogen, vor Tempeln und Kriegsgräbern, vor Schulen und Forschungsinstituten. Die Aktion, die auch Friedensakupunktur für die Erde genannt wird, wurde 1955 in Hiroshima von der interkonfessionellen Weltgebetsinitiative für den Frieden gestartet. 1983, als Künstler aus aller Welt ins Hamburger St.-Pauli-Stadion zu einem Festival gegen die Atomraketen gekommen waren, wurde dieser Hamburger Friedenspfahl gepflanzt.

Imam Razvi ist erstaunt. „Was Sie da erzählen, ist doch ganz und gar in meinem, in unserem Sinne. Ein winziger Mosaikstein für das größte Projekt der Menschheit. Und Sie waren damals in Hamburg dabei?“ Ja, antworte ich ein wenig kleinlaut, aber mit schlechten Gewissen. Damals war ich noch ein ziemlich strammer Kommunist und hielt die ganze Aktion eher für einen esoterischen Firlefanz. Ich meinte, es sei wirksamer, für den Frieden zu kämpfen als zu beten. Heute weiß ich es besser, heute weiß ich, Gott und Ihnen sei Dank, um die Kraft der Gebete. Sie können mehr bewirken als laute Propagandareden.

Aber die wachen Augen meines Imams haben längst eine neue Sehenswürdigkeit ausgespäht. Nicht weit entfernt vom Friedenspfahl steht an der Südseite des Planetariums ein kleiner Baum, der zunächst eher unscheinbar aussieht und dessen ganze Schönheit sich erst bei genauerem Hinsehen offenbart. Der Baum hat gerade begonnen zu blühen. Die Blüten sind schlicht weiß und bestehen aus ganzen vier fast rhombusförmigen Blättern, die sich von dem dunklen Blattgrün abheben. „Grün und weiß“, beginnt mein Lehrer zu schwärmen, „das sind die Farben Pakistans. Wissen Sie, wie dieser Baum auf Deutsch heißt?“

Das weiß ich, weil ich vorher im Baumverzeichnis des Parks nachgeschaut habe. Die Pflanze trägt den schönen Namen Taschentuchbaum. Dieser Baum hier ist ein Geschenk der pakistanischen Regierung zur Eröffnung des ersten Generalkonsulats vor über sechzig Jahren. Er wurde bewusst vor die Südfront des Planetariums gepflanzt, weil es hier die besten klimatischen Bedingungen geben sollte.
Imam Razvi ist sichtlich gerührt. „Dieser Strauch, auf Urdu heißt er wohl eher der Girlandenbaum, verbindet mich auf eine besondere und intime Art mit meiner mystischen Heimat. Im Norden Pakistans und Indien stehen diese Bäume oft rund um die Grabstätten der Sufi-Heiligen. Sie beginnen zu blühen, sobald die Regenzeit zu Ende geht. Wenn die Hitze zunimmt, verliert der Baum seine grünen Blätter. Übrig bleiben die weißen Blütenblätter, die wie die Girlanden zu den Heiligenfesten im Wind flattern und von weither sichtbar sind."
Es war Zeit zu gehen. Imam Razvi legte auch diesmal Wert auf den pünktlichen Beginn seiner Veranstaltung. Als er mich zu einem Spaziergang durch den Stadtpark einlud, war er auch nach drei Stunden noch fit und zeigte keine Ermüdungserscheinungen. Doch in den folgenden Jahren nahmen seine körperliche Kräfte immer mehr ab, und er fühlte sich für lange Wanderungen „ein bisschen zu wacklig auf den Beinen". Aber in jedem Sommer, an jedem seiner Geburtstage am 20. Juni, fragte er mich nach seinem Girlandenbaum. Ob er wieder blühte, wollte er wissen.
Nein, er hat nicht jedes Jahr geblüht. Manche Sommer waren einfach zu nass und zu kalt, aber auch wenn der Baum am Fuße des Planetariums nicht zur Blüte gekommen ist, so hat er doch die Unbilden des norddeutschen Klimas alle Jahre heil überstanden.
Vor sechs Wochen haben wir unserem Imam auf dem islamischen Teil des Friedhofs in Ohlsdorf zu Grabe getragen. An seinem vierzigsten Todestag möchte ich heute vorschlagen, dass wir, seine Schülerinnen und Schüler, uns zusammentun, um über seinem Grab ei-

nen Taschentuchbaum zu pflanzen. Nicht damit wir an den Taschentuchblütenblättern unsere Tränen trocknen, sondern damit wir sehen, dass die Saat, die unser Lehrer in unsere Herzen eingepflanzt hat, weiter wächst, blüht und gedeiht. Wir brauchen allerdings ein wenig Geduld, denn der Taschenbuchbaum braucht wenigstens zwanzig Jahre, ehe er zu blühen beginnt, aber dafür wird er Jahrhunderte alt und bildet viele Seitentriebe, die mit der Zeit ihr Eigenleben entfalten.

Mein Lehrer

Was treibst du eigentlich jeden Samstag in der Moschee?
Beten kannst Du auch zuhaus!
Teetrinken? Der Tee, den ich koche, schmeckt besser!
Kebab? Polo? Die Moschee ist
kein orientalisches Spezialitätenrestaurant!
Oder sind es die Frauen? Die tragen doch Kopftuch!

Im Ernst: gehst du aus Pflichtgefühl in die Moschee
oder bloß zum Vergnügen?

Ich gehe, meine Liebe, aus reinem Vergnügen.
Ich geh aus lauter Lust am Lernen.
Ich geh, weil ich süchtig bin,
den Geheimnissen Gottes auf die Spur zu kommen.
Wer einmal am Quell der Weisheit genippt hat,
der kommt schnell auf den Geschmack.
Dem schmeckt die Weisheit Gottes so sehr,
dass ihm das Wasser im Munde zusammenläuft.

Und wer, fragst du, hat dich süchtig gemacht?

Imam Razvi, mein Lehrer.
Er ist kein Guru, er ist nicht mein Scheich.
Er trägt keinen Turban und keinen heiligen Schein.
Er ist kein Derwisch. Er tanzt mir nichts vor.
Ich sitze ihm nicht zu Füßen.
Er sitzt mir gegenüber auf gleicher Augenhöhe.
Er ist nicht unfehlbar. Er hat nicht immer Recht.
Er kann irren. Aber unbeirrbar hält er fest
am Seil Gottes, und sei es so dünn
wie ein Spinngewebe in der Gebetsnische.

Ich lerne von ihm, aber ich laufe ihm nicht nach.
Lieber gehe ich neben ihm her.
Manchmal trage ich seine schwere Büchertasche.
Beim Studieren des Korans geht er langsam vor.

In 32 Jahren hat er gerade einmal 39 Suren geschafft.

Auf seinem Weg hält er gern inne. Er liebt die Pausen.
Er lässt keinen Umweg und keine Umschreibung aus.
Er lenkt mich nicht, er lässt mich gehen.
Lässt mich meinen eigenen Weg finden.

Nur beim Gebet lasse ich ihm den Vortritt.
Ich nehme ihn als meinen Vorbeter
und stelle mich hinter ihn.

Warum? Vor Gott sind doch alle gleich.
Ja. Aber auf dem Weg zu Gott
ist er mir um siebzig Längen voraus.
Er ist Gott ein Stück näher.
Und darum halte ich mich an ihn.
Nicht nur beim Beten.

Die begrenzten Möglichkeiten meines Imams

Was kann dein Imam schon für dich tun?
Kann er Blinde sehend machen,
Lahme gehen lassen,
Tote wieder auferwecken?
fragt mich mein Nachbar.

Nein, gebe ich ihm Recht,
er ist kein Wundertäter.

Und was hat er für dich getan?

Er hat mir die Augen geöffnet.
Er hat mir wieder auf die Beine geholfen.
Er hat mir die Tür zum wahren Leben aufgestoßen.

Anleitung zur Meditation

Meditieren, sagt mein Lehrer,
sagt Imam Razvi,
ist: dich leer machen,
dich frei machen,
dich reinigen
von allem, was dich bedrückt,
was dich ablenkt,
was dich quält.

Meditieren ist
leer werden,
frei werden,
rein werden, sodass dein Herz
eine Höhle bildet,
ein Vakuum,
einen Resonanzraum

Meditieren ist
alle Schubladen, alle Ablagen,
alle Geheimfächer deines Herzens
leer räumen,
um dich zu öffnen
und umzuschalten
auf Empfang

Meditieren ist
das Herz wie eine Parabolantenne
öffnen für die Signale
aus dem Weltinnenraum:
ein Teleskop,
um die Funken göttlichen Lichts
einzusammeln
auf der Netzhaut
deines inneren Auges

Meditieren ist
dein Herz ausschütten

und mit dem Salz der Tränen
die Schatzkammer deines Herzens
blank polieren, damit dein reines Herz
zum Eckstein deiner Kaaba werde

Meditieren ist
still sein
still halten
sich der Stille öffnen
den Mund halten
die Zunge zügeln
schweigsam sein
verschwiegen
in dich hinein schweigen
ganz Ohr sein
in dich hineinhorchen
den Pulsschlag deines Herzens spüren
dich dem regelmäßigen Rhythmus
des Atems anvertrauen

Gott haucht dir seinen Atem ein
du brauchst
den langen Atem
hin zu Gott
Du hauchst dein Leben aus
doch Gott
der Leben gebende
der Leben nehmende
zieht dich
nach dem letzten Atemzug
hinauf in sein Geistreich

Meditieren ist
ein- und ausatmen
ausblasen, was verbraucht ist,
leer sein,
einsaugen, was dein Herz
ersehnt
was dein Herz erfüllt

erfüllt sein
mit dir selbst im Reinen sein
mit dir selbst eins sein
eins sein mit dem Universum
eins sein mit Gott dem All-Einen

Meditieren ist bewusstes Atmen
Wir sind Sternenstaub
mit jedem Atemzug atmen wir
Atome ein, die in Lichtjahren
durch das Universum gewandert sind

Wir atmen Atome ein,
die vor uns gebunden waren
in Blumen und Bäume,
in Mücken und in Elefanten

Wir atmen Atome ein,
die Baustoff gewesen sind
für Menschen wie Abraham und Hagar,
wie Jussuff und Suleika,
wie Mozart und Goethe,
wie Einstein und Annemarie Schimmel

Atmend und meditierend
sind wir mit allem und mit allen verbunden
Wir sind Teile eines Ganzen
wir sind Gottes Atem
wir sind nur ein Hauch
Wir sind ein Nichts gegenüber dem All
aber wir sind ein All gegenüber dem Nichts

Meditieren ist sterben,
bevor du stirbst,
ist leben, bevor du
zum wahren Leben erweckt wirst.
Meditieren ist
sich aufgeben,
sich hingeben
und im Tode

wiederauferstehen
loslassen
sich fallen lassen
sich versenken
sich verströmen
im Grunde allen Seins,
in Gottes Mutterschoß

Meditieren ist
werden,
ist werden, wie du warst,
bevor du warst,
ist werden, so wie du
gewesen sein wirst,
ist werden, wie du sein wirst,
wenn du nicht mehr sein wirst

Meditieren ist
wiedergeboren werden,
von dieser Welt gehen
und wieder zur Welt kommen,
inspiriert,
reanimiert
vom Lebenshauch
unseres lebendigen,
Leben gebenden,
Leben nehmenden
Schöpfers
und Erhalters.

Ein Philosophieabend bei Imam Razvi

An jedem Donnerstagabend
lädt Imam Razvi, inzwischen 82 Jahre jung,
zur philosophischen Meditation
in seine Wohnstube ein.

Jeden seiner Gäste begrüßt er
mit Ehrerbietung,
mit einem guten Wort,
mit einem Händedruck.

Wie schön sehen Sie heute aus!
begrüßt er eine seiner treusten Schülerinnen.
Machen Sie keine Witze!
erwidert sichtlich verlegen die Schwester.
Dafür bin ich viel zu alt!

Unsinn! belehrt sie der Imam.
Sie werden von Mal zu Mal schöner!

Was ist in Ihren Augen wahre Schönheit?
möchte ich von meinem verehrten Lehrer wissen.

Lassen Sie mich einen Augenblick überlegen!
Imam Razvi setzt sich auf seinen Stuhl
und beginnt zu philosophieren:
Wahre Schönheit erkennt man
mit den Augen des Herzens. Sie wird sichtbar,
wenn die Schönheit mit der Wahrheit einhergeht.
Wenn die äußere Schönheit ganz und gar
zum Spiegel der reinen Seele wird –
so wie bei einem neugeborenen Kind.

Wenn das so ist, wendet sich die Schwester,
die ihre Schönheit nicht wahrhaben will,
an ihren Imam, wenn das so ist,

dann sind Sie für mich der schönste Mann,
den ich mir auf Erden vorstellen kann.

Warum? lächelt der so schön Gepriesene.

Warum wohl!
Ihre Augen strahlen Tag für Tag heller.
Ihre Haut fühlt sich an wie Samt und Seide.
Ihr Haar und ihr Bart sind weiß wie der Schnee
auf den höchsten Bergen Kaschmirs.
Um Sie ist der Glanz der Heiligkeit.
Alles wird licht und klar. Sie sind unsere Leuchte.

Woher kommt die Schönheit? frage ich.
Alle Schönheit, schmunzelt unser Erleuchteter,
kommt vom Allerhöchsten. Er ist nicht nur
der Schöpfer unserer Schönheit, er ist selbst
der Inbegriff der Schönheit. Wer ihm nahe ist,
wird schöner mit jedem Tag.

Auf dem Höllenlehrpfad mit Imam Razvi

Vorsichtig tastend,
stiegen wir an der Hand unseres Meisters
Stufe um Stufe herab
zum Schlund der Hölle.
Auf unserem Höllenlehrpfad
gelangten wir in den letzten Versen
der 44. Sure
bis an den Baum Zaqqum:
„Der Baum ist die Nahrung für den Sünder.
Er wird wie flüssiges Öl in den Bäuchen kochen
und brodeln wie siedendes Wasser.
Packt ihn und schleift ihn mitten in die Flammen des Feuers.
Dann gießt quälend heißes Wasser über sein Haupt!"

Meine Mitschüler schüttelten ungläubig
oder verstört ihre Köpfe. Finsterstes Mittelalter,
seufzte einer, und eine Schwester fragte
hinter vorgehaltener Hand: Wie kann Gott
so grausam und so rachsüchtig sein?

Ich wollte von Imam Razvi wissen:
Wie stellen Sie sich die Hölle vor?

Mein Gewährsmann überlegte angestrengt
und ließ sich mit der Antwort Zeit.
Die Hölle, erklärte er schließlich, ist in meinen Augen
der Ort, der von Gott am meisten entfernt ist.
Wer sich von Gott bis an den Rand der Welt
entfernt hat, der leidet die furchtbarsten Höllenqualen.
Er durchlebt die schlimmsten Depressionen.
Aber er ist an seinem Leiden selber schuld.
Nicht Gott ist sein Richter.
Er bestraft sich selbst.
Wie weit wir uns in unserem Leben

von Gott entfernen, das liegt in unserer Hand.

Von den Qualen der Hölle führt der Koran
geradenwegs zu den Freuden des Paradieses.
Aber diese Verse bereiteten uns
nicht weniger Kopfzerbrechen. Einigen von uns
waren sie, zumal an der Stelle
mit den berühmt-berüchtigten Huris,
geradezu peinlich: „Die Gottesfürchtigen
werden einander gegenüber sitzen, gekleidet
in Seide und Brokat. Wir vermählen sie,
Mann und Frau, mit Huris, mit idealen Liebespartnern,
und speisen sie mit den köstlichsten Früchten."

Ich fragte meinen Imam noch einmal:
Wie stellen Sie sich den Himmel vor?

Der Himmel, bekam ich zur Antwort,
ist für mich der Ort der größtmöglichen Nähe zu Gott.
Je näher wir Gott kommen, desto glückseliger
werden wir im Paradies sein. Es gibt keine höhere Lust,
als sich mit Gott zu vereinen. Gott ist die Liebe,
ist die Erfüllung all unserer Liebessehnsucht.
Wie weit wir uns in unserem Leben
Gott annähern, das liegt in unserer Hand.
Wir haben auf Erden die Wahl
zwischen Himmel und Hölle.
Wir können uns von Gott immer mehr entfernen,
oder wir können versuchen, zu Ihm,
unserem Ursprung, zurückzukehren.
Er kommt uns auf halbem Wege entgegen.
Er empfängt uns mit offenen Armen!

Wenn die Hölle der Ort der tiefsten Schmerzen
und der Himmel der Ort der höchsten Freuden ist,
wozu, platzte Schwester Rashida heraus

mit einer letzten Frage,
wozu gibt es dann hier auf Erden
überhaupt noch so viel Leid…?

Und so viel Glück! fügte unser Lehrer hinzu.
Vergessen Sie die Freuden des Diesseits nicht!

Beides brauchen wir,
damit wir unseren Weg finden.
Wir brauchen die Erfahrung des Leides,
damit wir uns von der Hölle fernhalten,
dem Ort unerträglicher Schmerzen.
Wir brauchen schon hier und jetzt
die Vorschule des Glücks,
damit wir uns einstimmen
auf die himmlische Glückseligkeit.
Sie erwartet uns, wenn wir Gott,
dem Quell aller Liebe, ganz nah
und endlich mit ihm vereint sind.

Meiner Moschee zu ihrem 50. Geburtstag

Vor mehr als 21 Jahren
habe ich in der Imam-Ali-Moschee
vor Imam Razvi meine Shahada gesprochen.
21 Jahre: solange braucht der Mensch,
um auch geistlich erwachsen,
um iman-zipiert zu werden.

Seither bin ich, sofern ich in Hamburg war,
auf meinem hageren Reittier,
meinem Drahtesel,
an jedem Freitag zum Gebet,
am jedem Samstag zum Koranstudium
in meine Moschee gepilgert.
Zählt man die übrigen Anlässe hinzu,
Hochzeiten, Trauerfeiern, Seelennotfälle,
so komme ich auf mindestens
einhundert Moscheebesuche im Jahr.
Macht alles in allem
runde 2100 Besuche.

Keinen Ort außerhalb meines Zuhauses
habe ich so oft besucht.
Kein Penny, kein Aldi und auch nicht
meine Habenichtsbank.
Ich bin auf dieser Erde
ein unsteter Gast.
Zweimal habe ich mich
in dieser Zeit scheiden lassen,
dreimal habe ich meine Wohnung gewechselt,
viermal habe bei den Wahlen
verschiedene Parteien
zwischen rot und grün angekreuzt.

Doch meiner Moschee habe ich die Treue gehalten.

Viermal haben die Imame gewechselt.
Die Regierungen änderten sich
rascher als das Hamburger Wetter.
Der Kommunismus ist wie ein Kartenhaus
zusammengestürzt.
Die Achse der Weltpolitik
hat sich von West nach Ost verschoben.

Doch meiner Moschee habe ich die Treue bewahrt.

Sie ist mein Licht in der Finsternis.
Sie ist das Leuchtfeuer an der Alster,
das mir den Weg zu Allah zeigt.
Sie ist mein Orientierungspunkt
in den Zeiten der Irrungen und Wirrungen.
Sie ist mir, dem Schiffbrüchigen
von der Nordseeküste, der Leuchtturm
in der Meeresbrandung,
mein geistlicher Heimathafen,
mein Tor zu den Welten, deren Licht
alle Irrlichter dieser Welt
himmelhoch überstrahlt,
mein Himmelslicht in der Nacht der Erleuchtung,
meine Gebetsnische zu Füßen des Regenbogens,
mit dem Gott Himmel und Erde verbindet.

Sie ist mein brennender Dornbusch.
Sie ist meine Arche Noah.
Sie ist für mich Abrahams Zelt in der Wüste.
Sie ist der Bauch des Wals,
der mich an das rettende Ufer trägt.
Sie ist das Gotteshaus meines Propheten –
Friede sei mit ihm
und all seinen Gefährten.

Meiner Moschee will ich,
so Gott will, die Treue halten.

Sie ist meine theologische Hochschule.
Mein heiliges Geistreich.
Meine transzendentale Kapitalanlage.
Sie ist das Siegel meines Glücks –
der gesegnete Ort, an dem mir
beim Erlernen der Sure as-Schams
die Sonne aufgegangen ist.
Sie ist mein gedeckter Tisch
am Fest des Fastenbrechens.

Sie ist der Teppich
für meine meditativen Flugübungen.
Sie ist an Hamburgs „Schöner Aussicht“
unter ihrer meeresblauen Kuppel
meine schönste Aussicht,
mein Stück vom Himmel auf Erden.

Imam Mehdi Razvi Gespräche über Gott und die Welt

Diese Gespräche wurden im Zeitraum vom Mai 2012 bis Februar 2013 von Peter Schütt mit dem ausdrücklichen Einverständnis vom Imam Razvi mit dem Tonband aufgezeichnet, danach verschriftlicht und in der vorliegenden Fassung dem Sprecher zum Gegenlesen und für eventuelle Korrekturen vorgelegt. Die Gespräche fanden meistens am Donnerstagabend in Imam Razvis Wohnung in der Hamburger Eichenstraße im Kreis seiner Philosophieschüler statt.

AZOUGAY

Mein Koranunterricht

Es war im Jahr der Studentenrevolte, 1967, als ich unter dem Dach der halbfertigen Imam-Ali-Moschee an der Alster begonnen habe, jeden Samstagnachmittag zwischen vier und sechs den Koran zu interpretieren.

Wenn Sie wollen, dann bin auch ich ein 68er. Vielleicht war es nur in dieser Zeit des Aufruhrs, des Umbruchs und der revolutionären Unruhe denkbar, so ein utopisches Projekt wie einen kontinuierlichen deutschsprachigen Koranunterricht in Angriff zu nehmen. Die Studentenbewegung war ja nicht auf Deutschland beschränkt, sondern ein weltweites Phänomen, angefacht von der chinesischen Kulturrevolution und dem Krieg in Vietnam. Unter den deutschen Aktivisten spielten die ausländischen Studenten eine sehr aktive Rolle, zum Beispiel Bahman Nirumand aus dem Iran oder Karam Khella aus Ägypten. Es gehört zur Geschichte des Islamischen Zentrums, dass die Studentenproteste auch in den Rohbau der Moschee überschwappten. Mehrfach drangen Anti-Schah-Demonstranten in das Gotteshaus ein und skandierten „Diskussion! Diskussion!“.

Und tatsächlich stellte Beheschti, der damals die Moschee leitete, sich diesen Diskussionen. Und ich erinnere mich daran, dass einmal eine Gruppe von studentischen Revolutionären im halbfertigen Gebetssaal lauthals die Internationale anstimmte. Beheschti war zunächst erschrocken, aber dann murmelte er das Lied auf Persisch mit. Er war fast so etwas wie ein Rudi-Dutschke-Typ, und hat sich mit Bahman Nirumand, seinem säkularen Gegenspieler unter den Iranern, heftig gestritten. Deutsch, Englisch, Persisch, beide redeten durcheinander.

Als wir anfingen, waren wir Pioniere meistens nicht mehr als drei, vier oder fünf. Frank Mitsch war dabei, der später Karriere machte als Atomphysiker, Abdulkarim Grimm, dem ich eines Tages wie von Gott bestellt in der U-Bahn gegenüber saß, Munir Ahmed, ein Landsmann aus Pakistan und promovierter Orientalist, Ahmed Ashraff aus Indien, aber mit persischen Wurzeln, und Karam Khella, obgleich er kein Muslim war, sondern koptischer Christ und obendrein auch noch Priester, Marxist und Nasserist. Das sorgte damals für überaus heftige Diskussionen. Später kamen Niaz Qureshi mit seiner deutschen, christlich geprägten Frau Ursula und seiner Schwester Rashida dazu. Aus Nordafrika stießen Abu Ahmed, ein politisch engagierter Libyer mit Hand zum Sufismus, und Ali Amri, ein umtriebiger und energiegeladener Bruder aus Tunesien, zu uns. Verstärkung bekamen wir dann vor allem von zwei deutschstämmigen Theologinnen, von Pia Köppel und von Halima Krausen. Beide haben mir schließlich selbstlos und aufopferungsvoll geholfen, meine „Entdeckungsreisen im Koran" in Buchform zu veröffentlichen.

Wir waren zu unseren besten Zeiten ein ziemlich bunter Haufen. Auch in sozialer Hinsicht. Zwei unzertrennliche Tänzerinnen gehörten dazu, Heidrun Vielhaber und Rotraut Neville, die sehr engagiert am Theaterprojekt in der Kampnagel-Kulturfabrik nahe der Moschee beteiligt waren, aber auch Fattemeh Attarbaschi, die selbstbewusste Tochter des zweiten Imams am Islamischen Zentrum. Sie hat schon als junge Frau mit dem Aufbau eines eigenen Frauenprogramms an der Moschee begonnen und zeitweilig sogar die Redaktion der Hauszeitschrift „al-Fadschr" übernommen. Unter uns war sogar ein Mann mit ausgesprochen proletarischem Profil, Klaus Vollstädt. Er war über türkische Arbeitskollegen zum Islam gekommen, ein Mann der Praxis, Bauarbeiter von Beruf. Er half, wo und wann immer er gebraucht wurde. Wenn ein Bücherregal unter der Last der Bücher zusammengebrochen war. Wenn die Heizung mal wieder nicht funktionierte. Wenn der Keller unter der Moschee nach einem Gewitterguss unter Wasser stand. Er war immer auf dem Plan.

Seit Anfang der Achtzigerjahre bekamen wir immer mehr Zulauf von christlicher Seite, vor allem von Pastoren aus den verschiedenen Missionsakademien der evangelischen Kirche. Oft waren bei mir mehr Nichtmuslime als Muslime vertreten. Aber ich möchte gern hervorheben, dass ich nie Mission betrieben habe. Ich habe nie versucht, einen Christen der Kirche abspenstig zu machen. Wenn Konvertiten zu uns kamen, dann kamen sie als verlorene, orientierungslose Seelen zu uns. Sie waren Suchende, und sie haben mich und meine deutschsprachige Gemeinde schließlich gefunden. Ich darf sagen, dass meine Schüler nicht nur Muslime waren. Sammy Jossifoff von der jüdischen Gemeinde und Pastor Christoph Goßmann bezeichnen sich selbst bis heute als meine Schüler, und ich fühle mich ihnen ebenso fest und tief verbunden wie meinen muslimischen Schwestern und Brüdern.

Meinen christlichen Mitstreitern fühle ich mich immer wieder besonders nah, manchmal so gar mehr als mit den eigenen Glaubensgefährten. An meinen christlichen Freunden beeindrucken mich vor allem ihre Demut und Bescheidenheit – davon könnten sich manche Muslime gern ein Stück abschneiden –, ihre Aufrichtigkeit und absolute Ehrlichkeit. Sie sagen, was sie denken, pflegen keine falsche Höflichkeit und sagen ihre Meinung, auch wenn sie dem anderen nicht unbedingt genehm ist. Das fördert den interreligiösen Dialog ungemein. Übertriebene Rücksicht schadet der Sache nur. Überzeugte Christen wie der russisch-orthodoxe Erzpriester Ambrosius Backhaus, der schon zu Lebzeiten den Glanz der Heiligkeit ausstrahlte, Monsignore Sanders von der Katholischen Akademie, Professor Weiße, dem Direktor unserer Akademie der Weltreligionen, Detlef Görrig, der Dialogbeauftragte der Nordelbischen Landeskirche, oder Pastorin Severin-Kaiser, die Leiter der kirchlichen Kommission für christlich-islamische Gespräche, gehören zu den Menschen, die ich unbedingt im Paradies wiedersehen möchte. Sie alle haben mitgewirkt, dass Hamburg in Deutschland zur Hauptstadt des interreligiösen Dialogs geworden ist.

Mit dem Koranunterricht am Sonnabendnachmittag habe ich mich bald nicht mehr zufrieden gegeben. Am Samstagvormittag habe ich 1970 begonnen, islamisches Recht zu lehren. Damals war die Scharia noch kein so rotes Tuch wie später, und so konnten wir ganz entspannt historische und aktuelle Rechtsfragen diskutieren. Recht und Koran, diese beiden festen Termine führten dazu, dass ich am Samstag den ganzen Tag in der Moschee war. Ich habe dann meistens die Tagesgebete geleitet, wir haben zusammen gegessen, danach haben wir eine halbe Stunde meditiert, und es gab Zeit und Ruhe für vielerlei informelle Gespräche. Diese Gespräche fanden in der Regel bei Tee, Gebäck oder selbst gekochtem Essen im Keller der Moschee statt. Dort brauchte niemand ein Blatt vor den Mund zu nehmen, und wir hatten Gelegenheit, Fragen zu stellen, die auf der Ebene darüber lieber gemieden wurden.
Mein Unterrichtsprogramm habe ich dann noch um ein drittes Element erweitert. Am Donnerstagabend kam das philosophische Kolloquium dazu, das ich nicht in der Moschee, sondern bei mir in der Wohnung abgehalten habe und bis heute abhalte. Es gibt und gab Interessierte, denen es schwer fällt, die Schwelle in die Moschee zu überschreiten, und zum anderen sind meine Frau und ich gerne Gastgeber und genießen es, liebe Gäste um uns zu versammeln. Die private Atmosphäre fördert den ungezwungenen Gedankenaustausch. Denn für mich gibt es nur ein Dogma, nämlich das Dogma, das es kein Dogma gibt. Das sagt sich zuhause vielleicht leichter als in der Moschee, meinem zweitem Zuhause.

Mit meinen Schülerinnen und Schülern, dieses Bild verdanke ich meiner pakistanischen Schwester Rashida, fühle ich mich wie durch eine Gebetskette fest verbunden. Eine Perle reiht sich an die andere, wir gehören zusammen, wir bilden ein Band, eine Gebetsschnur. Und wenn ich einmal nicht mehr auf dieser Erde bin, dann geht meine Tasbih weiter durch die Hände der Kette meiner Schüler, solange bis auch sie

sich aus der Welt verabschieden und jemand anders ihre Lücke wieder auffüllt.
In meinem Koranunterricht bin ich angefangen mit der Eröffnungssure. Damit haben wir uns fast ein ganzes Jahr beschäftigt. Für die lange zweite Sure haben wir zweieinhalb Jahre gebraucht.
Als ich nach der Jahrtausendwende die Leitung des deutschsprachigen Koranunterrichts an meine Schülerin Halima Krausen übergeben habe, waren wir bei Sure 38 angelangt. Wir gehen also langsam vor, bedächtig und behutsam. Und von Anfang an ist es mir nicht so sehr um die wortwörtliche Interpretation gegangen, sondern um den Sinn der Koranverse. Goethe hat im „Westöstlichen Diwan" gedichtet: „Ob der Koran von Ewigkeit sei? Darnach frag ich nicht! Ob der Koran geschaffen sei? Das weiß ich nicht!" Für Europäer scheint es in der Tat unerheblich zu sein, ob der Koran unerschaffen oder geschaffen ist. Sie verstehen die Frage nicht. Aber der Streit darüber ist uralt und entzweit die muslimischen Gelehrten fast von Anfang an. Die Frage ist auch heute von elementarer Bedeutung für eine zeitgemäße Koraninterpreation. In meiner Haltung stehe ich fest in der Tradition der Mutaziliten, zu deren Schule sich all meine Vorfahren, soweit sie Theologen waren, bekannt haben.
Für die Hoftheologen in Damaskus und Bagdad und vor allem für die Anhänger der hanbalitischen Rechtsschule galt der Koran als „unerschaffen". Er war von Anfang da, und er war darum ewig, unvergänglich, unabänderlich, und darum durfte er eigentlich auch gar nicht interpretiert, sondern nur zur Kenntnis genommen werden. Aber wenn der Koran von Anfang an da gewesen sein soll, dann wäre er wie Gott. Das widerspricht meinem Verständnis des Monotheismus. Nichts außer Gott ist ewig. Alles außer Gott ist vergänglich, auch der Koran. Wenn der Koran in diesem Sinne Gottes Wort vom Uranfang der Schöpfung wäre, dann folgt daraus, dass Gott Arabisch gesprochen hat und ewig spricht. Aber diese Vorstellung widerspricht allen Sprachgesetzen.

Meine mutazilitische Auffassung war, ist und bleibt: Gott hat dem Propheten zu einer bestimmten Zeit und an einem bestimmten Ort den Koran offenbart. Der Koran steht in einer Überlieferungskette mit anderen Offenbarungsschriften, mit der Thora der Juden und der Bibel der Christen. Auf diese Zusammenhänge wird im Koran in regelmäßigen Abständen hingewiesen.

Wenn der Koran urewig wäre, dann müsste das in gleicher Weise für die Heiligen Schriften gelten, auf die sich der Korantext bezieht. Weil der Koran nicht vor aller Ewigkeit und für alle Ewigkeit zementiert worden ist, sondern zu einem bestimmten Zeitpunkt in einer bestimmten sozialen, kulturellen und politischen Situation herabgesandt wurde, und zwar so, dass ihn die Menschen auch verstehen konnten, in ihrer Sprache, ihrer geistigen Welt und entsprechend ihrem Verständnisvermögen, dann muss es möglich, dann muss es notwendig sein, den Text des Koran so zu deuten, dass wir ihn auch in unserer heutigen Lage verstehen können. Man muss dementsprechend, und das tut der Koran selber, zwischen überzeitlich gültigen Aussagen und solchen Aussagen unterscheiden, die zunächst einmal für die Menschen in der räumlichen und zeitlichen Nähe zum Propheten von Belang sind.

Der gute Rat, Sklaven freizulassen, erübrigt sich heute, denn die Sklaverei ist zumindest offiziell abgeschafft. Die Regel, Frauen beim Erbrecht nur die Hälfte zuzugestehen, erübrigt sich heute, denn Männer und Frauen sind mittlerweile gleichberechtigt. Das Gebot, sein Reittier zu schonen, ist inzwischen hinfällig geworden, weil die meisten Muslime heute Auto fahren. Umgekehrt lässt sich aus dem Koran nicht herauslesen, es sei Frauen verboten, sich selber ans Steuer eines Autos zu setzen, ganz einfach weil es zur Zeit seiner ersten Niederschrift keine Automobile gab. Damals bedeutete das arabische Wort „sejara“ noch „Karawane“ und nicht „Auto“ wie im modernen Arabisch.

Aber mir ist es nie so sehr darum gegangen, einzelne Stellen im Koran zu erklären. Die Zitatenhuberei, die bei den Islamisten ebenso beliebt ist wie bei den notorischen Islamhassern, führt am Ende zu nichts. Mit aus dem Zusammenhang gerissenen Versen kann man fast alles beweisen, alles oder nichts. Mein Bemühen war es immer, den Koran als Ganzes begreiflich zu machen. Der Koran ist kein Gesetzbuch. Vieles, was traditionell als göttliche Weisung verstanden wurde, ist gar nicht normativ, sondern deskriptiv gemeint. Wenn es heißt, dem Mann seien bis zu vier Frauen gestattet, dann geht es dabei um kein Gebot, sondern um die Beschreibung eines inzwischen überwundenen Zustands. Der Koran ist geprägt vom Geist des gnädigen und barmherzigen Gottes, er ist Gottes Ansprache an die Menschen. Und wer diesen Heiligen Geist erahnt, für den ist es schlechterdings unvorstellbar, dass im Koran geschrieben steht, wie es einige Unbelehrbare immer noch behaupten: Männer dürften oder sollten ihre Frauen schlagen. Eine solche Interpretation ist mit der Gesamtaussage des Korans schlechterdings unvereinbar.

Und ebenso wenig mit der Vernunft. Schließlich sind unsere Vernunft und unserer gesunder Menschenverstand der erste Schlüssel zum Verständnis des Korans.

Der Koran ist Gottes Wort. Aber sicher nicht im wortwörtlichen Sinn. Gott hat vermutlich nicht Arabisch gesprochen, und Er, beziehungsweise Gabriel, hat dem Propheten auch nicht einfach den Koran ins Ohr geflüstert. Nein, der Prophet wurde von Gott durch seinen Engel inspiriert, und der Prophet hat in eigene Worte gefasst, was ihm von Gott ans Herz gelegt wurde. Der Prophet spricht in seiner eigenen Sprache, und diese Sprache wandelt sich im Laufe der Jahre. Die ersten Suren sind, obwohl der Prophet schon ein reifer Mann war, fast noch von jugendlichem Schwung geprägt, von expressivem Überschwang, während die später offenbarten Suren eher im Gestus eines Verantwortung tragenden Staatsmannes niedergeschrieben wurde. So sind Gottes Worte an uns durch den Propheten hindurch gegangen, sie tragen die Merkmale seiner genialen, schöpferischen Persönlichkeit. Sie sind Gottes – und seine, des Propheten, Leistung. Man sollte seinen Anteil nicht zu geringschätzen. Der Prophet ist mehr als ein Sprachrohr. Er ist Gottes menschliches Meisterwerk. Und ist und bleibt doch Mensch, einer von uns. Ohne die Menschlichkeit des Propheten könnten wir den Koran nicht verstehen.

Der Prophet – Friede sei mit ihm – war kein Papst und kein Sultankalif, und darum war er auch nicht unfehlbar. Hin und wieder, das bezeugt der Koran, hat er Fehler gemacht und Sünden begangen. Er hat einen Blinden links liegen lassen, weil er ein Gespräch mit einem Mächtigen für wichtiger hielt, er hat Aischa unberechtigter Weise falsch verdächtigt. Das ist menschlich, menschlich verständlich, und darum werden diese kleinen Verfehlungen im Koran nicht vertuscht.

Sie werden ihm dank Gottes Gnade verziehen. Vielleicht ist uns der Prophet auch deshalb so nah und so vertraut, weil er wenigstens ein Bisschen fehlbar und unvollkommen geblieben ist, weil er ein ganzer Mensch war und ist, aus dem selben Lehm gebacken wie wir.

Kein Gottesstaat

Die Muslime erstreben keinen Gottesstaat, weder in Deutschland, noch im Iran, in Pakistan oder in Ägypten, auch wenn sich diese Staaten „islamische Republiken“ nennen. Gott regiert nicht, er hat die Herrschaft über die Völker den Menschen überlassen. Was für eine Herrschaftsform Er für richtig hält, hat Er nicht gesagt, nicht im Koran nicht und auch nicht in einem verlässlichen Hadith. Er hat nur allgemeine ethische Normen festgelegt, die für jede Form der Staatslenkung gelten, für die altarabische Stammesordnung ebenso wie für die moderne Demokratie. Keineswegs hat sich Gott im Koran für einen Khalifatsstaat ausgesprochen, wie das manche Nostalgiker des Osmanischen Reiches immer noch glauben lassen möchten. Wir sollten Atatürk dankbar sein, dass der den Sultan davon gejagt hat. Wir brauchen keinen Papst, keinen Kalifen, keinen geistlichen Führer. Was wir brauchen, sind demokratische und zivile Umgangsformen, sind Regierungen, die sich vor ihren Völkern verantworten müssen. Regierungen, die abgelöst werden können, die wechseln, ohne Blutvergießen, Gewalt und Bürgerkriege.

Die Demokratie ist mit der koranischen Botschaft durchaus vereinbar. Eine ganze Sure trägt den Namen „as-Schura“ Darin wird die Bedeutung der Schura, der gegenseitigen Beratung, als Königsweg zu einer weisen und gerechten Entscheidung hervorgehoben. Sich gegenseitig beraten, eine Sache solange ausdiskutieren, bis eine einvernehmliche Lösung im Interesse möglichst aller Beteiligten gefunden ist, gilt als islamisches Modell. Das ist meines Erachtens am besten in einer Demokratie möglich. Der Islam bevorzugt aber im Gegensatz zum westlichen Demokratieverständnis eindeutig das Konsensprinzip. Mehrheitsentscheidungen mögen manchmal unvermeidlich sein, aber sie können nur eine Ausweg sein, sie müssen die Ausnahme bleiben und nicht zur Regeln werden. Für mich

ist es unvorstellbar, dass man bestimmte Fragen von moralischem Gewicht, zum Beispiel die Abtreibung, die Stammzellenforschung oder die sogenannte „Schwulenehe“, durch die Feststellung der Mehrheitsverhältnisse zu klären versucht.
Da finde ich die deutsche Praxis, solche Probleme in besonderen Gremien, etwa in einer Ethikkommision, zu erörtern, bevor die Parlamente die Entscheidung treffen, schon eher akzeptabel.
Es sollte selbstverständlich werden, dass in solchen Beratungskommission auch Muslime vertreten sind. Möglichst keine Verbandsfunktionäre, keine Berufsmuslime, sondern Persönlichkeiten von Format und Autorität.
Wir leben in Deutschland in einem Rechtsstaat, und das allein ist ein höchstes Gut und ein hoher Wert an sich. Damit will ich nicht sagen, dass bei uns die Gerechtigkeit regiert. Davon sind wir meilenweit entfernt, aber es geht hierzulande sicher gerechter zu als in den meisten Ländern, die sich islamisch nennen. In etlichen von ihnen regieren Unrecht, Willkür und Gewalt.
Es ist richtig und gut, dass sich die hiesigen Muslime auf allen Feldern der Politik engagieren. Sie beteiligen sich an den Wahlen, sie kandidieren, sie übernehmen politische Ämter. Ich finde es klug, dass wir nicht der Versuchung erlegen sind, eine eigene islamische Partei zu gründen. Muslime engagieren sich in fast allen politischen Parteien mit Ausnahme der Rechtsextremen. Wir finden muslimische Mandatsträger in der CDU, in der SPD, in der FDP; besonders viele bei den Grünen und auch bei den Linken, selbst wenn die Führung der Linkspartei religiös eher unmusikalisch ist und auf einem vulgärmarxistischen Standpunkt verharrt – nach dem Motto „Religion ist Opium für das Volk“. Aber das kann, das wird sich ändern. Wenn man über den deutschen Tellerrand hinaus schaut, dann kann oft feststellen, dass aus vielen Marxisten und Kommunisten von einst längst treue Anhänger und Vorkämpfer muslimischer Parteien und Bewegungen geworden sind. Das zeigt sich am Beispiel der islamischen Revo-

lution im Iran, aber auch im arabischen Frühling. Viele derjenigen, die heute laut rufen: „Der Islam ist die Lösung!“, haben früher auf Marx, Engels, Lenin, Mao und Fidel Castro geschworen.
So wenig wie Marx ist „der Islam“ die Lösung, solange er bloße Ideologie bleibt und sich auf das Phrasendreschen beschränkt. Der Islam ist bestenfalls ein Weg, aber dieser Weg muss erst einmal gebahnt werden, Schritt um Schritt. Vor uns liegt noch eine sehr weite Strecke. Die islamische Erneuerung ist für mich ein Prozess von Jahrzehnten. Wir brauchen einen sehr langen Atem. Und sehr viel Geduld. Geduld, sabur, ist nicht umsonst der letzte der Namen Gottes. Geduld ist das Erste und das Letzte.
Natürlich habe ich in meinem Leben unendlich viel über Politik diskutiert und gestritten. Über Fragen wie Islam und Demokratie, islamischer Staat oder Gottesstaat. Vor allem und immer wieder mit Bruder Abu Ahmed. Der konnte und wollte von der Politik nicht lassen, und prompt ist er noch vor dem Sturz Ghadaffis in seine libysche Heimat zurückgekehrt, hat sich an der Revolution beteiligt und bekleidet jetzt dort ein wichtiges Amt in der neuen Regierung. Gott segne seine Arbeit! Aber ich gebe zu, ich habe ihn vor der Rückkehr in die aktive Politik gewarnt. Ich habe in meinem Leben zu viele enttäuschte Revolutionäre erlebt. Auch enttäuschte islamische Revolutionäre. Mein Arbeitsplatz in der Moschee an der Alster hat es mit sich gebracht, dass ich es immer wieder mit Menschen zu tun hatte, die die Welt mit aller Gewalt verändern wollten. Zuerst mit dem Feuerkopf Mohammed Beheschti, der schon während seiner Zeit an der Hamburger Moschee ganz beseelt war von dem Gedanken einer islamischen Umwälzung im Iran. Während der Studentenrevolte bei uns in Deutschland, die ja nicht zuletzt von den Protesten gegen den Staatsbesuch des persischen Schah inspiriert wurde, war er regelrecht elektrisiert von den revolutionären Hoffnung und Idealen. Er diskutierte leidenschaftlich mit linken Studenten und machte den Rohbau der Moschee zu einem respektab-

len Agitationszentrum. Von Hamburg aus knüpfte er Kontakte zu Imam Khomeini, der damals im Irak im Exil lebte.
Ein Jahrzehnte später, als sich Beheschtis revolutionäre Träume im Iran erstaunlich schnell zu erfüllen schienen, war Mohammed Khatami Leiter des Islamischen Zentrums. Er war ein ganz anderes Naturell als Beheschti, achtsam, bedächtig und besonnen. Es gelang ihm mühelos, Diskutanten aus allen Ländern, Religionen und politischen Lagern in die Moschee zu holen. Seine Offenheit und seine Bereitschaft, mit Vertretern der verschiedensten Richtungen über den rechten Weg zu streiten, haben mir sehr imponiert. Als er im Iran sein Präsidentenamt antrat, war ich voller Hoffnung, dass er die Geschicke seines Landes in gemäßigtere und ruhigere Bahnen lenken könnte, aber dazu fehlten ihm ganz offensichtlich die Mittel und Möglichkeiten. Nach seinem Ausscheiden aus dem Amt hat er vor einigen Jahren noch einmal seine frühere Wirkungsstätte hier an der Hamburger Alster besucht. Ich hatte die Gelegenheit zu einem wunderbaren und offenherzigen Gespräch mit ihm. Ich war von seiner Weisheit und Lebensklugheit sehr beeindruckt und spürte doch die tiefe Resignation, in die er nach dem Scheitern seines sanften Reformversuchs gefallen war. Aber dankbar hat er sich an seine Lehrjahre in Hamburg erinnert. An unsere philosophischen Spaziergänge um die halbe Alster. Und an die ersten christlich-islamischen Friedensgebete zum Volkstrauertag in der Eimsbüttler Christuskirche.
Bei unendlich vielen politischen Diskussionen, nicht zuletzt mit Bruder Khatami, ging es immer wieder um die Frage nach der Gewalt. Ich meine seit eh und je, man kann die Menschen nicht zu ihrem Heil zwingen. Es gibt keinen Zwang im Glauben und im Denken. Kein Mensch muss müssen, hat meine Frau immer wieder gesagt. Das ist auch gut koranisch. In der altarabischen Sprache des Korans kommt das Wort „müssen“ schlicht nicht vor.

Gedanken über Deutschland

Mit deutscher Kultur bin ich schon in meiner frühen Kindheit in Berührung gekommen. Meine Tanten und Kusinen haben mir zum Einschlafen Gedichte, Geschichten und immer wieder Märchen vorgelesen. Grimms Märchen waren immer dabei, und so habe ich Frau Holle, Rotkäppchen, Schneewittchen, Hans im Glück und den Rattenfänger von Hameln schon als kleines Kind kennengelernt. Unser Hausdichter war Mohammed Iqbal, und in seinen Dichtungen spielt sein Studienaufenthalt in Deutschland eine große Rolle. Mein Vater kannte Iqbal auch persönlich, und er kannte viele Gedichte von ihm auswendig, auch die Gedichte auf Heidelberg, auf Goethe, auf Schopenhauer und Nietzsche. Vater hat uns diese Verse immer wieder vorgetragen.

Deutschland hatte in meinem indischen Elternhaus immer einen sehr guten Klang. Meine Jugend fiel in die Zeit des Zweiten Weltkrieges. Der Krieg hat zwar Indien nicht unmittelbar getroffen, aber dennoch stand der Subkontinent im Schatten dieser Katastrophe. Ursprünglich waren die indischen Politiker nicht bereit, sich im Dienste der britischen Kolonialmacht am Krieg gegen Nazideutschland zu beteiligen. Erst nach dem Unabhängigkeitsversprechen für die Zeit nach dem Krieg erklärten Ghandi und Dschinna ihre Unterstützung für die Anti-Hitlerkoalition.

Hunderttausende indopakistanische Soldaten wurden nach Europa verschifft und nahmen an allen großen Schlachten an der Westfront teil. Sie haben ihren Beitrag zur Befreiung Deutschlands vom Faschismus geleistet. Als dann die Soldaten in ihre Heimat zurückkamen, erzählten sie uns Zuhausgebliebenen von den Schrecken des Krieges im fernen Europa. Wir ahnten nicht, dass wir nur zwei Jahre später von denselben Schrecknissen heimgesucht werden sollten. Der Bruderkrieg zwischen Indien und Pakistan, der unmittelbar nach der Unabhängigkeit ausbrach, war begleitet von

fürchterlichen Gewaltexzessen, von Menschenjagden und Massenvertreibungen.
Meine Familie, die seit achthundert Jahren in Bihar sesshaft war, hat buchstäblich alles verloren. Wir wurden nach Pakistan vertrieben, und auf unserer Flucht haben wir immer wieder um unser Leben gezittert. Dieses Flüchtlingsschicksal teile ich mit meiner Frau. Sie musste aufgrund des verlorenen Krieges ihre ostpreußische Heimat für immer verlassen und hat ein neues Zuhause in Flensburg in Schleswig-Holstein gefunden. Aber wirklich heimisch ist sie dort nie geworden. Sie ist immer ein Flüchtling, ein Mensch auf der Flucht geblieben, eine Suchende, die ihre wahre Heimat nicht hier auf Erden gefunden hat. Eine ewige Sucherin, aber trotzdem mit mehr Bodenhaftung und Sinn fürs Reale als ich. Für mich die ideale Ergänzung. Ich habe meine Frau kennen und lieben gelernt, als sie Anfang der Fünfzigerjahre als Lehrerin und Entwicklungshelferin in das ähnlich wie Deutschland vom Krieg verheerte Pakistan kam, um im Auftrage des Flüchtlingswerk der Vereinten Nationen in Genf am Aufbau eines Grundschulzentrums mitzuarbeiten. Von mir aus war es Liebe auf den Blick. Warum? Vielleicht weil sie dem Schönheitsideal meiner jungen Jahre so ähnlich sah, der jungen britischen Königin Elisabeth! Sie war die Königin meines Herzens!
Meine Frau wäre damals durchaus bereit gewesen, mit mir im Pakistan zu bleiben. Die Arbeit machte ihr trotz der Mühsal Freude. Aber immer mehr fühlte ich mich nach Deutschland hin gezogen, das Land meiner Frau, das Land meiner Märchen. Heute denke ich, es war Gottes Wille, dass er mich gerade nach Deutschland geschickt hat, in dieses verwundete, vielleicht sogar schuldbeladene Land. Als ich dann zum ersten Mal mit dem Zug von Frankreich kommend durch Deutschland fuhr, hab ich voller Entzücken aus dem Fenster geschaut. Wie grün ist dieses Land, wie schön sind die Wälder, die Wiesen, die sanften Berge des Mittelgebirges. Und mittendrin die Dörfer mit ihren Kirchtürmen. Dieses grüne, hügelige, von Bächen und Flüssen durch-

gezogene Land hat mich an die Landschaften am Südhang des Himalayas erinnert. Diese Begeisterung ist bis heute geblieben. Wenn ich mit dem Zug durch Deutschland reise, dann lese ich kein Buch, ich schaue unentwegt aus dem Fenster. Ich freue mich, wie sehr die Deutschen ihr Land, ihre Natur, ihre Flüsse und Wälder lieben und vieles tun für die Erhaltung und Wiederherstellung der natürlichen Umwelt. Ich weiß, viele einheimische Deutsche haben Probleme mit ihrem Vater- oder Mutterland. Diese Haltung kann ich zwar verstehen, aber nicht teilen. Als ich noch in den Fünfzigerjahren Annemarie Schimmel kennenlernte, schwärmte sie unentwegt von Pakistan. Sie war geradezu in Pakistan verliebt. Und ich begann ihr von Deutschland vorzuschwärmen. Sie war regelrecht konsterniert. Im Laufe der Jahre fanden wir heraus, dass beide Länder gleich schön und gleich liebenswert sind.

Seit fast einem halben Jahrhundert lebe ich nun in Hamburg. Hamburg, diese wunderschöne, weltoffene, an Alster und Elbe geschmiegte Hafenstadt ist meine wahre irdische Heimat geworden. Hier fühle ich mich, soweit das in diesem irdischen Jammertal möglich ist, zuhause, hier fühle ich mich geborgen, ungleich mehr als in Indien oder Pakistan. Diese Länder sind mir im Laufe der Jahrzehnte trotz aller mentalen Verbundenheit fremd geworden. Meine Frau und ich waren erst ein paar Wochen in unsere Wohnung in der Eichenstraße eingezogen, als ich auf der Straßenseite gegenüber im Zeitungskiosk auf einen Mann mit dunkler Hautfarbe traf, der eine Streichholzschachtel kaufen wollte, aber das Wort dafür nicht kannte. Ich fragte ihn auf Englisch: May I help you? Er war verdutzt und antwortete mir auf Urdu. Wir fielen uns in die Arme, und ich lud ihn in unsere Wohnung ein. Das war mein Landsmann Niaz. Er war zufuß und per Anhalter von Pakistan nach Deutschland gekommen und war monatelang unterwegs gewesen, um hier Arbeit zu suchen. Er hat Arbeit gefunden, hat sich qualifiziert und danach sogar ein wichtiges Amt in der Hamburger Innenbehörde übernommen. Später hat er seine jüngste Schwester Rashida

nachgeholt. Auch sie hat hier rasch Fuß gefasst, die Schule besucht und einen Beruf gelernt.
Beide haben wie ich deutsche Ehepartner geheiratet und Kinder herangezogen, die gute Deutsche und ebenso gute Muslime sind. Aufgrund unserer Namen und Familientraditionen kann sich sowohl die Sippschaft von Niaz als auch meine als Nachfahren unseres Propheten – Friede sei mit ihm – bezeichnen. Aber wir erheben deswegen keinen genealogischen oder materiellen Anspruch, sondern verstehen dieses Erbe rein spirituell, als Auftrag an uns, überall dort, wohin uns unsere Lebenswege führen, den prophetischen Idealen zu folgen. Im Laufe der Jahre ist auch in Hamburg eine immer größere pakistanische Community entstanden, die weitaus größte in Deutschland.
Im Vergleich zu anderen Einwanderernationalitäten kann ich sagen, dass meine pakistanischen Landsleute bei uns sehr gut integriert sind. Sie wohnen nicht in Ghettos, sondern weit über die Stadt verstreut. Sie haben ihre Wurzeln nicht vergessen, sie pflegen ihre Kultur und ihre Religion, aber sie verstehen sich als Weltbürger und als Hanseaten. Viele sind Kaufleute und stammen aus der Hafenstadt Karatschi, und darum fühlen sie sich in Hamburg auch sehr wohl.
Ich liebe Hamburg. Ich liebe die Alster und die Elbe, die paradiesisch üppigen Parkanlagen, den Stadtpark und den Jenischpark. Wie oft bin ich mit meiner Frau zufuß rund um die Alster zu meiner Arbeitsstätte, dem Islamischen Zentrum, gebummelt. Wie oft haben wir uns auf die Bänke am Ufer gesetzt, um den Segelbooten zuzuschauen. In Hamburg habe ich wunderbare Glaubensgeschwister aus dem Christentum und dem Judentum kennengelernt. Buddhisten und Hinduisten sind dazu gekommen. In diesen offenen interreligiösen Gesprächskreisen hat sich nach und nach die Idee und das Konzept einer *Akademie der Weltreligionen* herausgebildet. Zwanzig Jahre lang war das ein Traum, mein Traum, und das dieser Traum am Ende meines Lebens wahr geworden ist, macht mich glücklich. Sehr glücklich und sehr dankbar.

Pakistan

Pakistan, wörtlich: das Land der Reinen, ist vermutlich das einzige Land auf dieser Erde, in dem die große Mehrheit der Bevölkerung einem Sufi-Orden angehört. Diese Gemeinschaften überwinden und verbinden alle konfessionellen Grenzen, sie vereinen Sunniten und Schiiten, und sie vereinen sogar die verschiedenen Religionsgemeinschaften. Es gibt zahlreiche Grabstätten von Heiligen, die von Muslimen und Hindus gemeinsam verehrt werden.

Nirgendwo auf der Welt gab es und gibt so viele Heilige wie in Pakistan, jedenfalls gemessen an der Zahl der Heiligengräber. Fast jedes Dorf hat seinen Schrein, und alle Jahr wieder, wenn der Geburtstag des Heiligen begangen wird, gibt es um diesen Schrein herum ein rauschendes Fest. Da wird gesungen, Qawwali gesungen bis zum Umfallen, getanzt, gegessen, geprasst, und getrunken, drei Tage lang oder sieben, dass es eine Freude ist für Alt und Jung, für Männer und Frauen, für die Einheimischen und für die Gäste von außerhalb. Eine Freude vor allem für die Arme, denn sie haben sonst wenige Anlässe, sich zu freuen, sich zu vergnügen und den beschwerlichen Alltag zu vergessen. Nirgendwo auf der Welt gibt es so eine ausgelassene Frömmigkeit wie in Pakistan. Man mag das für Karneval halten, aber es ist doch mehr. Der Kult um die Heiligengräber ist von tiefer Hingabe erfüllt, von der Liebe zu Gott, zu Seinen Propheten und zu Seinen Heiligen. Heute sind diese Kulte in Misskredit gekommen. Sowohl die Taliban wie die von Saudi-Arabien unterstützten Salafisten bekämpfen diese althergebrachten Formen der Volksfrömmigkeit. Immer wieder gibt es Anschläge auf die großen Schreine, die viele Todesopfer fordern. Die Attentäter wollen auf diesem Weg die Bevölkerung davon abhalten, zu den Gräbern ihrer Heiligen zu pilgern und dort zu beten. Am Ende produzieren sie nur neue Märtyrer, und sie werden von den künftigen Generationen genau so verehrt werden wie die seit altersher gefeierten Heiligen. Die Pakistani sind nicht nur fromm, sie sind auch voller Leidenschaft. Sie können laut und anhaltend lachen, sogar über sich selbst – eine Gabe, die unter Muslimen eher selten ist – und sie können voller Inbrunst weinen. Gefühle werden nicht versteckt, sondern öffentlich gezeigt. Sie sind keine Privatsache. Sie können ein ganzes Volk bewegen. Die Pakistani sind leicht erregbar, aber Gott sei Dank regen sie sich meistens auch schnell wieder ab. Nichts wird so heiß gegessen, wie es gekocht wird.

So zerklüftet wie die Menschen ist auch die Landschaft. Die Natur des Landes ist überall von atemberaubender Schönheit und umfasst alle Klimazonen. Es ist tropisch im Süden, in der Mitte gibt es sehr viel Wüsten, weiten oben im Norden befinden sich mediterrane und gemäßigte Regionen, und hoch im Norden, an den Hängen des Hindukusch, haben wir bis in den Sommer viel Eis und Schnee.

Es gibt in Pakistan gleichsam ganz verschiedene Zeitzonen. Die Großstädte sind mittlerweile hochmodern, aber es gibt besonders im Norden, an den Grenzen zu Afghanistan, auch Regionen, die noch tief im Mittelalter stecken. In manchen Sitten und Gebräuchen ist das ganze Land weit zurück. Noch immer werden Dreiviertel der Ehen zwischen Kusins und Kusinen geschlossen. Die Familien- und Verwandtschaftsbande sind in allen Schichten sehr stark und bestimmen auch die Richtlinien der Politik. Besonders für junge Menschen sind die Familienverbände nicht bloß Schutz, sondern oft auch ein Gefängnis. Daraus auszubrechen, kostet besonders jungen Frauen das Leben. Das ist eine bittere Wahrheit. Meine Frau hat mich immer auf solche Missstände hingewiesen, wenn ich allzu sehr von meinem Heimatland geschwärmt habe.

Pakistan ist ein Land voller Gegensätze, Widersprüche und Paradoxien. Auch im Islam gibt es sehr verschiedene und zum Teil gegensätzliche Strömungen. Die religiösen Minderheiten spielen eine beträchtliche

Rolle. Es sind Hindus und Buddhisten, Sikhs, Zoroastrier und Christen aus nahezu allen Konfessionen. Es ist kein Ruhmesblatt für den pakistanischen Staat, das er auf Drängen Saudi-Arabiens die Ahmadiyyas aus der islamischen Gemeinschaft ausgeschlossen und der Verfolgung ausgesetzt hat. Ich hoffe, dass diese Entscheidung eines Tages revidiert werden kann. Allerdings machen es die Ahmadiyyas den religiösen Autoritäten auch nicht leicht, weil sie sich immer mehr von den islamischen Glaubensregeln entfernen und für ihre Stifter den Prophetenstatus beanspruchen. Aber man darf die Angehörigen dieser neuen Bewegung, die man vielleicht mit den Evangelikalen vergleichen kann, nicht ausgrenzen. Sie stehen sicher am Rande des Islam, aber nicht außerhalb.

Die pakistanische Kultur speist sich aus vielen Wurzeln. Mit Alexander ist die griechische Kultur bis ins Industal vorgedrungen. Die großen Buddhastatuen sind im griechischen Stil gestaltet. Mit dem Islam kamen die Araber und die Perser ins Land. Ihnen verdankt Pakistan nicht nur die Religion, sondern auch die Schrift und die Sprache. Persisch war fast ein Jahrtausend die Sprache der Poesie, der Bildung und der Verwaltung. Später hat sich daraus die wichtigste Verkehrssprache, das Urdu, entwickelt. Das Wort ist verwandt mit dem deutschen Wort „Ordnung“. „Urdu“ sollte das Land ordnen und verwalten helfen. Die Moghulherrscher aus dem Innern Asiens, eng mit den Türken verwandt, haben nach den anfänglichen Verwüstungen die Kultur, die Dichtkunst und die Architektur zu einer neuen Blüte gebracht. Buddhismus und Hinduismus haben im Lande vielfältige Spuren hinterlassen, ebenso der Sikhismus. Schließlich haben sich die Portugiesen vor allem in die Küstenregionen festgesetzt. Ihnen verdankt Pakistan fast alles, was seine Küche ausmacht: Kartoffeln, Tomaten, Mais und all die Gewürze, die seine Gerichte so scharf machen. Und zu guter Letzt kamen dann noch die Briten und haben dem Land das Kricketspiel und die Demokratie beschert. Vielleicht verwechseln die Pakistani beides.

Sie spielen die Demokratie bloß und nehmen nur das Kricketspiel wirklich ernst.
Pakistan ist und bleibt ein Mysterium. Annemarie Schimmel war von der Mystik der Pakistani regelrecht fasziniert. Aber es war eine Liebe auf Gegenseitigkeit. Sie war im ganzen Land bekannt, und schon zu ihren Lebzeiten wurden Straßen nach ihr benannt. Ich selber verdanke der pakistanischen Kultur, der Lebensweise und der Mystik sehr viel, auch wenn ich nach meiner Vertreibung aus Indien dort nur fünf Jahre gelebt habe. Ich meine, in Pakistan schlägt das Herz der islamischen Welt, ein Herz, das aufgewühlt und tief zerrissen ist, aber es schlägt und pulsiert heftig. Nimmt man den muslimischen Gürtel von Marokko bis nach Indonesien in seiner ganzen Länge, so liegt das Land ziemlich genau in der Mitte.

Unsere Bringschuld

Diejenigen, die uns in diesem Land mehr oder weniger gastlich aufgenommen haben, die Sprecher der deutschen Mehrheitsgesellschaft, reden gern von unserer Bringschuld. Die meisten Muslime, die nach Deutschland eingewandert sind, haben zuallererst eines mitgebracht, ihre Arbeitskraft. Sie haben mit ihrer Hände und Köpfe Arbeit am Wiederaufbau und am Wirtschaftswunder des Landes mitgewirkt. Der relative Wohlstand im Westen Deutschlands ruht nicht zuletzt auf den Schultern der Millionen Gastarbeiter. Ordnung, Sauberkeit, Pünktlichkeit bei den Bussen und Zügen: diese deutschen Tugenden wurden und werden hauptsächlich von den Zuwanderern garantiert.

Es versteht sich von selbst, dass wir Muslime die Gesetze dieses Landes respektieren. Dazu gehört vor allem das Grundgesetz, das uns mehr Rechte und Freiheiten garantiert, nicht zuletzt auch Glaubensfreiheiten, als in den meisten Ländern, die sich islamisch nennen. Ich will nicht die amerikanische Freiheitsglocke läuten, aber die in Deutschland garantierte Freiheit der Religionsausübung ist ein hohes Gut, das ich selber gar nicht genug schätzen kann. Vermutlich gibt es kaum ein anderes Land auf dieser Welt, in der ich so offen und frei meine theologischen Positionen vertreten kann wie hierzulande. Saudi-Arabien? Ägypten? Pakistan, meine Heimat? Nein, dort hätten sie mich vermutlich längst außer Landes gejagt, hätten mich mit Steinen beworfen oder mit einer Bombe in den Himmel befördert. Nein, für Märtyrer ist dies ein schlechtes Land. Hier ist es besser, für den Islam, für seine Überzeugung zu leben als dafür zu sterben.

Was haben wir Zuwanderer aus dem Süden Deutschland gebracht? Es stimmt, wir haben das Land weniger „deutsch“ gemacht, wir haben dem Land ein anderes, ein südlicheres, wärmeres Klima gegeben, wir haben es weltoffener gemacht, sogar europäischer. Als ich in den Fünfziger Jahren nach Hamburg kam, gab es hier kein Café und kein Restaurant, das Tische und Stühle nach draußen stellte. Die Deutschen saßen in ihren Häusern, in ihren Fabriken, in ihren Verkehrsmitteln. Dass man draußen, dass man auf der Straße sein konnte und dort spazieren gehen und sich amüsieren konnte, kannten die Deutschen nicht. Sie blieben lieber in ihren eigenen vier Wänden. Wir haben die Kommunikationsformen verändert. Wir haben die Speisekarten um ein Vielfaches bereichert, wir haben das Erscheinungsbild der Städte menschenfreundlicher gestaltet. Manchmal denke ich sogar, wir haben den Deutschen wieder das Lachen beigebracht, das sie in den schrecklichen Jahren der zwei Weltkriege beinahe verlernt hatten. Wir haben dieses Land vielleicht ein wenig menschenfreundlicher gemacht, gastfreundlicher, ziviler.

Wenn Menschen aus verschiedenen Kulturen und Mentalitäten zusammen kommen, gibt es sicher auch Reibungspunkte. Manches läuft hier anders als in unseren Herkunftsländern. Für uns Muslime sind die familiären und verwandtschaftlichen Verbindungen ein hoher Wert. Einheimische Deutsche sprechen dagegen eher von „Vetternwirtschaft". Sie stellen das ganze Prinzip in Frage und betonen stattdessen die Chancengleichheit. Aber solange wir Zugewanderten, wir Muslime selber keine gleichen Chancen bekommen, sollten wir an unseren Formen gegenseitiger Hilfe und Solidarität festhalten.

Kein Zweifel: die Zahl der Zuwanderer ist nicht klein. Auch die Zahl der eingewanderten Muslime ist nicht klein. Wenn man den geschichtlichen Hintergrund berücksichtigt, dann ist es trotz aller Probleme und Schwierigkeiten eine beachtliche kulturelle Leistung der deutschen Mehrheitsgesellschaft, dass sie innerhalb weniger Jahrzehnte Millionen Muslime integrieren konnte. Das ist nicht so sehr das Verdienst des Staates und der Behörden, sondern zuerst eine Leistung der einfachen und meistens unpolitischen Menschen, die in den neuen Nachbarn keine Wesensfremden gesehen haben, sondern zuerst Mitbürger, Mitbewohner, Mitmenschen. Inzwischen haben sie sogar Respekt vor unserer Religion gewonnen, sie feiern mit uns den Ramadan und das Opferfest, sie begrüßen uns sogar schon mit Salemaleikum, sie heißen uns willkommen. Sie öffnen uns ihre Türen. Ich habe es auch erst lernen müssen, in diese offenen Türen hineinzutreten. Heute gehe ich genauso selbstverständlich in eine Kirche oder in eine Synagoge oder in ein buddhistisches Zentrum oder in einen Hindutempel wie in eine Moschee. So einen selbstverständlichen Umgang der Religionen untereinander gab es allenfalls früher in meiner altindischen Heimat. Heute bildet sich ein ähnliches Klima der interreligiösen Begegnung in Deutschland heraus, und darum kann ich mit Fug und Recht sagen: Das ist meine Heimat, hier bin ich zuhause, hier kann ich sagen und lehren, was ich denke.

Wir haben auch eine Bringschuld gegenüber unseren eigenen Glaubensgeschwistern Dazu gehört, dass wir im Ramadan die täglichen Fastenzeiten den hier herrschenden astronomischen Bedingungen anpassen. Als ich vor ungefähr dreißig Jahren zum ersten Mal erlebte, dass der Ramadan mitten in den Hochsommer und dazu in eine regelrechte Hitzefälle fiel, habe ich es am eigenen Leib begriffen: es ist unverantwortlich und den Regeln und Ritualen des Islam zuwider, dass wir zwanzig Stunden fasten und dabei unsere Gesundheit ernsthaft aufs Spiel setzen. Das Fasten soll keine Qual und keine Tortur sein, sondern ein Mittel zur Selbsterziehung. Es soll uns zur inneren Einkehr motivieren, zur Solidarität mit den Hungerleidern, zur Brüderlichkeit, aber es soll uns nicht fertig machen, damit wir zu nichts anderem mehr fähig sind, als Hunger und Durst zu erleiden. Ich habe darum lange nachgedacht und viele Autoritäten um Rat gefragt. Ich bin schließlich zu der Überzeugung gekommen: wir Muslime in Deutschland sollte uns nach den Gegebenheiten in Mekka richten und täglich dreizehn Stunden streng fasten, zwischen morgens um sechs und abends um sieben. Und zwar sommers und winters, auch im Dezember, wenn zwischen Sonnenaufgang und Sonnenuntergang weni-

ger als sieben Stunden liegen. In der Moschee ist dann das Wort „Razvi-Fasten“ meistens abfällig benutzt worden, als Synonym für eine laue Islampraxis, aber mit diesem Spott musste ich leben.
Wir Muslime dürfen für uns in Anspruch nehmen: wir haben den interreligiösen Dialog ins Land gebracht. Vorher gab es keinen solchen Dialog, weil es dafür keine Dialogpartner gab. Ich werde oft nach einem Patentrezept für das Gespräch zwischen den verschiedenen Religionsgemeinschaften gefragt. Ich kenne keines. Aber vielleicht kann ich es auf eine Formel bringen, eine Formel für den Austausch zwischen Juden, Christen und Muslimen. Die Formel lautet: wir lieben einander. Wir lieben die Menschen, gleich welcher Hautfarbe, welcher Sprache, welcher Religion, wir lieben alle Geschöpfe, Menschen, Tiere und Pflanzen, und wir lieben Gott, den Schöpfer all dieser Geschöpfe. Als Basis für ein fruchtbringendes Gespräch reicht diese stillschweigende Übereinkunft allemal.
Die Zahl der Muslime nimmt stetig zu. Trotzdem werden die Muslime auch in Zukunft in Deutschland und Europa eine Minderheit bleiben. Aber sie werden dazugehören, so wie andere Minderheiten auch. Auch das Christentum ist drauf und dran, zur Minderheit zu schrumpfen.
Christen wie Muslime stehen gemeinsam einer immer stärkeren Welt des Unglaubens gegenüber. Das zwingt uns dazu, zusammenzustehen und in gegenseitiger Verbundenheit unseren Glauben zu leben und unter Beweis zu stellen. Nicht so sehr mit lauten Worten, sondern mit guten, stillen Werken. So wahr uns Gott helfe!
Eine Bringschuld sollten wir als gläubige Menschen unbedingt akzeptieren. Wir sollten unsere deutschen Mitbürger in unsere Gebete, in unsere Fürbitten aufnehmen. Wir sollten für unsere Nachbarn, gleich welcher Religion, Kultur oder Herkunft sie sind, beten. Sie verdienen unser Gebet, sie benötigen unser Gebet. Es wird in unseren Moscheen für vieles, für alles Mögliche gebetet. Aber oft fehlt die Sorge um das Nächstlie-

gende, oft kommt das Gebet für die Elenden, für die Mühseligen und Beladenen vor der eigenen Haustür zu kurz. Nicht nur in Afrika gibt es Armut.
Armut, materielle und spirituelle Verelendung, gibt es auch hierzulande – mehr als wir denken und wahrhaben wollen.

Muslime in Deutschland

Wir nennen uns Muslime, das heißt: Gottergebene. Wir leben überall auf Gottes Erde. Gott selbst hat uns in seinem heiligen Buch Koran diesen Namen gegeben. Darum definieren den Islam als eine ganzheitliche, überzeitliche und universale Rechtleitung Gottes. Für uns ist diese Rechtleitung eine Offenbarung Gottes an uns.

Wir sind Menschen. Gott hat uns als Menschen erschaffen und als soziale Wesen auf seiner Erde angesiedelt. Die Erde selbst, all ihre Erzeugnisse und Hervorbringungen – einschließlich uns selbst – gehören Gott allein. Ihm sind wir als denkende und handelnde Lebewesen verantwortlich. Der Islam ist eine sehr menschliche und diesseitige Religion.

Wir leben in großen und kleineren Gemeinschaften. Wir haben uns in Familien, Sippen, Stämmen und Völkern organisiert. Wir leben in Gemeinden und Kommunen, in kleinen Dörfern und großen Städten. Wir bilden Nationen, Staaten und Staatengemeinschaften. Wir arbeiten, um unseren Lebensunterhalt zu erwerben. Wir betreiben Wirtschaft und Handel, aber wir entfalten ebenso kulturelle und geistige Dimensionen.

Mit Recht dürfen wir behaupten, dass der Islam, der uns in unserem ganzen Leben begleitet, von seinem Wesen her, seinen Attributen und seinen Funktionen entsprechend, eine sehr politische Religion ist, die die Gemeinschaft der Menschen und die umfassende Gerechtigkeit in den Mittelpunkt des Denkens und Handelns rückt.

Heute leben wir in Deutschland als religiöse Minderheit. Sind wir Deutsche nach unserem Selbstverständnis? Ja, wir sind es, weil wir hier leben, hier sterben und begraben werden. Deutsch ist auch unsere gemeinsame, uns verbindende Sprache. Wir integrieren uns, und wir werden uns auch assimilieren – auf unsere eigene Art und Weise. Es ist eine Frage der Zeit. Wir diskutieren und debattieren und tun im Übrigen, was wir selber für richtig halten. Über uns Leben bestim-

men wir selbst gemäß der göttlichen Rechtleitung.
Als ein Teil der deutschen Gemeinschaft sind wir verpflichtet, hier geltende Gesetze zu akzeptieren und die hier geltende Leitkultur zu respektieren. Unsere Religion verlangt von uns ein solches Verhalten. Auch die sozialen und bürgerlichen Pflichten wollen wir erfüllen. Die historisch gewachsenen Strukturen in der Gesellschaft und der Kultur wollen wir achten und weiterhin bewahren.
Es mag den einen oder anderen überraschen. Aber für mich sind die deutsche Verfassung, das Grundgesetz und auch die Verfassungsrealität durchaus schariakonform. Deutschland als sozialer und demokratischer Rechtsstaat entspricht in allen zentralen Punkten den islamischen Rechts- und Wertevorstellungen, vermutlich sogar ungleich mehr als so mancher anderer Staat, der sich stolz und selbstgerecht „islamisch" nennt und sich in der Verfassung ausdrücklich auf die Scharia beruft. Dementsprechend haben wir stets den Dialog mit den behördlichen Instanzen, den sozialen Einrichtungen, den Kirchen und den Gemeinden der Andersgläubigen, den Gewerkschaften und den politischen Parteien gesucht und mit Engagement gefördert. Heute sind wir auf alle Ebenen präsent und am gesellschaftspolitischen Diskurs beteiligt.
Aus unserer inneren Überzeugung heraus befürworten wir alle Formen der Basisdemokratie, die friedliche Koexistenz im Inneren und Äußeren, den Pluralismus und die Rechtsstaatlichkeit. Wir sind selbstverständlich bereit, den von der Mehrheit der Gesellschaft eingeschlagenen und verfassungsgemäßen Weg zu befolgen. Wir möchten nicht nur mit den anderen Mitbürgern solidarisch zusammen leben, sondern möchten uns mit ihnen weiterentwickeln. Auch wir werden uns verändern und anverwandeln. Gott hat uns als wandlungs- und anpassungsfähige Wesen geschaffen.
Wir haben für unsere Seite einige Prioritäten gesetzt. Das erste Ziel ist es, hier heimisch zu werden und uns soweit wie möglich den Lebensgewohnheiten der Mehrheitsgesellschaft anzupassen, ohne jedoch unsere

Identität als Muslime preiszugeben. So ein Prozess braucht Zeit. Gott leitet uns durch die Zeiten und formt uns so, wie Er will. Wir möchten, dass unser Leben hier nicht zu schwer für uns wird, und wir möchten unseren Anteil an den Annehmlichkeiten haben, die das Leben hier bietet. Auch wir möchten wie alle Menschen glücklich sein und nicht unnötig leiden.

Wir möchten, dass unsere Kinder die bestmögliche Erziehung erhalten, damit sie als vernünftige, mündige, autonome Mitbürger ihren gesellschaftspolitischen Aufgaben gerecht werden können. Deswegen halten wir auch im Interesse unserer Kinder einen Religionsunterricht für alle für wünschenswert. Unsere Kinder sollen nicht getrennt voneinander, sondern miteinander und voneinander lernen und sich gegenseitig voranbringen.

Zugleich möchten wir unsere eigene Religion weiter entwickeln, auch um mit den sozialen, wirtschaftlichen und ökologischen Herausforderungen, die auf uns zukommen, Schritt halten zu können. Wir sind zuversichtlich, dass uns das in Zukunft mit Gottes Hilfe gelingen wird.

Unsere überwiegende Mehrheit ist vor Jahrzehnte als „Gastarbeiter" nach Deutschland gekommen. Heute gehören viele Muslime zum urbanen Proletariat, auch wenn wir erstaunlich mobil sein können. Politisch sind wir eher links von der Mitte angesiedelt. SPD, Grüne und Linke werden bevorzugt, auch unsere Jugend ist an linker Politik interessiert.

Selbstverständlich müssen wir das Gespräch mit allen demokratischen Kräften suchen und mit ihnen über gemeinsame Werte und Normen, aber auch über unsere gegenwärtigen Probleme diskutieren. Wir vermuten, dass wir vor allem mit der Partei der Linken eine Reihe von Gemeinsamkeiten haben, die die Voraussetzung für eine fruchtbare Begegnung in beiderseitigem Interesse bieten könnte. Das Problem ist nur: die Linke will von uns nichts wissen. Sie misstraut unserem Gottvertrauen und hält in sturer Orthodoxie am stupiden Atheismus von Marx, Engels. Lenin, Stalin und Mao fest. Das habe ich vor einiger Zeit selber erfahren müssen, als ich auf Einladung von Dietmar Bartsch als Gast zum Parteitag der Linken in Thüringen eingeladen war und um ein Grußwort gebeten wurde. Ein Teil der Genossen verließ demonstrativ den Saal, von den anderen wurde ich nur milde belächelt.

Trotz alledem: Linke zählen zu meinen besten und treusten Freunden. Ich lese immer noch den „Funken", den Dieter Schütt seit 1968 unverdrossen Monat für Monat herausbringt. Er nennt sich immer noch einen Maoisten und schwört auf Rudi Dutschke, aber er ist ein gradliniger Idealist und sagt und schreibt, was andere gern verschweigen. Auch Karam Khella, dem Begründer des linksradikalen Internationalismus und Streiter für die arabische Sache, fühle ich mich seit Jahrzehnten verbunden. Er denkt die Weltgeschichte nicht von Westeuropa aus, sondern aus gleichsam alexandrinischer Perspektive, vom Schnittpunkt der Kulturen und Religionen am östlichen Mittelmeer aus, und wird darum von der hiesigen Historikerzunft systematisch ausgegrenzt. Außerdem beeindruckt mich seine proletarische, solidarische, mönchische Lebensweise, die ganz und gar zu seinen Idealen passt. Wort und Tat stimmen bei ihm überein.

Die DDR – soll ich sagen: Gott sei es geklagt? – ist untergegangen. Als es sie noch gab, habe ich das östlichere Land einige Male zusammen mit meiner Frau bereist. Wir waren in Weimar und auf der Wartburg, und ich war von der Gastfreundschaft der Menschen, aber auch von der Pflege des kulturellen Erbes sehr angetan. Die andere Hälfte Deutschlands war ungleich ärmer, aber ich hatte den Eindruck, dass die Güter dieser Welt dort gerechter verteilt waren.

Seit dem Untergang der DDR beobachte ich in Deutschland, dass die Gegensätze von Arm und Reich täglich stärker werden. Das darf uns als Muslime nicht gleichgültig lassen. Wir sind berufen, uns zu allererst für soziale Gerechtigkeit einzusetzen. Das bedeutet nicht Gleichmacherei, wohl aber Chancengleichheit für alle Menschen, für In- und Ausländer, für Alte und Junge, für Arme und Reiche.

Der elfte September

Am Abend des elften September war ich in der Moschee. Ich hatte eine Kandidatenrunde zu den Hamburger Bürgerschaftswahlen organisiert, an der zum ersten Mal Vertreter aller Parteien von der CDU über FDP und SPD bis hin zu den Grünen und den Linken vertreten waren. Am Spätnachmittag hatten wohl alle Beteiligten im Fernsehen die Bilder von den brennenden Türmen des World Trade Centers gesehen, aber niemand im Vortragssaal der Moschee hatte eine Ahnung von den Folgen, die dieser Anschlag für unseren muslimischen Alltag haben würde.
Als ich zwei Tage später zum Freitagsgebet in die Imam-Ali-Moschee kam, war dort die Hölle los. Ganze Polizeikordons hatten die Moschee umstellt, jeder wurde befragt und abgetastet, und auf der Straße standen Fernsehteams aus aller Welt. Inzwischen war die Hamburger Spur um Mohammed Atta ausgemacht, und es begann eine regelrechte Hexenjagd. Es gab hunderte von Ermittlungsverfahren, die bis auf einige wenige binnen Jahresfrist eingestellt wurden. Es ist wahr: Mohammed Atta ist einige Male in unserem Islamischen Zentrum aufgetaucht. Ich habe den jungen Mann mit dem zugekniffenen Mund nicht als stillen Beter wahrgenommen, sondern als Störenfried und Provokateur. In den Neunzigerjahren hatte ich in meinen Koranstunden einen sehr schweren Stand. Eine Gruppe junger Fanatiker, die sich später um den „Islamischen Weg" sammelten, und einige andere Heißsporne, die sich selber Talibane nannten, haben meinen Unterricht massiv gestört. Auch Atta war wohl einige Male dabei. Als diese Scharfmacher bei einem Treffen deutschsprachiger Muslime vor der Moschee einen Bücherstand aufgebaut hatten und dort auch eine arabische Ausgabe der „Protokolle der Weisen von Zion" verkaufen wollten, wurden sie vom Gelände verwiesen. Seither sind sie meines Wissens nicht mehr bei uns aufgetaucht.

Ob Atta und seine Leute tatsächlich die Anschläge in New York geplant und ausgeführt haben: ich weiß es nicht. Auch wenn ich wenig von Verschwörungstheorien halte, so habe ich doch an der offiziellen Darstellung meine Zweifel. Die ganze Wahrheit wird vermutlich erst nach Jahrzehnten ans Licht kommen. Welche Rolle die Geheimdienste in der ganzen Angelegenheit gespielt haben und noch immer spielen, davon bekam ich eine Ahnung nach der Lektüre von John le Carrés Agententhriller „Marionetten“, der ja in Hamburg nach dem 11. September spielt. Während seiner Recherchen hat mich der Autor höchstpersönlich selber aufgesucht und befragt. Er war ein sehr sympathischer, interessierter und informierter Gesprächspartner, aber ob diese Sympathie auf Gegenseitigkeit beruhte, kann ich nicht beurteilen. Das in die „Marionetten“ eingebaute Zerrbild eines alten spinnerten Scheichs, der im Hintergrund die Fäden zieht, habe ich allerdings als wenig schmeichelhaft empfunden. Wenn ich Herrn le Carré im Paradies wieder sehe, vorausgesetzt, wir beide kommen dorthin, werde ich ihm einmal gehörig die Leviten lesen.

Kein Zweifel: der elfte September 2001 hat tiefgreifende Folgen für das Spannungsverhältnis zwischen dem Westen und der islamischen Welt gehabt. Es ist eine Art kalter Krieg ausgebrochen. In den Augen der Westmächte hat der Islam die Rolle übernommen, die in den Jahrzehnten vorher der Kommunismus gespielt hat. Die Islamische Republik Iran hat immer mehr die Rolle des Beelzebub zugewiesen bekommen. Der Iran selber hat sich in diese Rolle hineindrängen lassen. Seine Führer haben wenig Geschick gezeigt, sich gegen diese Verteufelung durch eine kluge und moderate Politik zur Wehr zu setzen. Mohammed Khatami, den ich seit seiner Zeit als Imam an unserer Moschee kenne, liebe und verehre, ist leider mit seinen Reformbemühungen gescheitert, weil er in der konservativen Geistlichkeit und bei den Militärs nicht genug Rückhalt hatte. Als eine Tragödie empfinde ich die anhaltende, von den Scharfmachern auf beiden Seiten und

ebenso vom Westen geschürte Feindseligkeit zwischen Sunniten und Schiiten. Dieser Gegensatz spielt in allen aktuellen Konflikten, im Irak, in Syrien, im Libanon, in Palästina und in Afghanistan, eine verschärfende Rolle. Wir sind in Hamburg nicht der Nabel der Welt, aber ich finde es wichtig, dass wir auch hier ein Zeichen setzen, um den Glaubensstreit zu schlichten. In unserer Schura arbeiten sunnitische und schiitische Gemeinden gleichberechtigt und einvernehmlich zusammen. Ich bin froh darüber, dass meine iranischen Brüder inzwischen von dem Plan Abstand genommen haben, einen eigenen schiitischen Dachverband in Deutschland zu gründen. Sie wollen auch weiterhin im *Zentralrat der Muslime* mitarbeiten. Im kürzlich beschlossenen Staatsvertrag der Muslime mit dem Hamburger Senat gab es hinsichtlich dieser Frage überhaupt keine Probleme. Alle vierzig islamischen Gemeinden waren damit einverstanden, das schiitische Aschurafest als Feiertag offiziell anzuerkennen.
Inzwischen beginnen sich die Schatten des 11. September zu lichten. Ich persönlich finde, wir haben diesen ersten Ansturm der Islamfeindlichkeit ganz passabel überstanden. Wir sind nicht eingeknickt und rüsten uns jetzt zu einer intellektuellen und spirituellen Gegenoffensive. Deutschland, Amerika, wir kommen! Wir sind das Volk, das Volk Gottes!

Vom Sinn und Zweck der Arbeit

Im Gegensatz zu den Juden und Christen kennen wir Muslime kein Gebot der Sabat- oder der Sonntagsruhe. Du sollst den Feiertag heiligen: dieses Gebot hat für uns nur eingeschränkte Gültigkeit. Wir dienen Gott nicht nur am Sabat oder am Sonntag, sondern wir dienen Gott in unseren alltäglichen Verrichtungen, in unserer körperlichen, geistigen, materiellen und spirituellen Arbeit. In der Sure Al-Dschumua steht klar geschrieben: Nach dem Freitagsgebet zerstreut euch wieder und geht euren Geschäften nach. Durch unsere Arbeit beteiligen wir uns jeder auf seine Weise an der Vollendung der göttlichen Schöpfung. Der eine tut es durch seiner Hände Arbeit, der oder die andere mit dem Kopf, der oder die dritte mit der Hingabe ihres Herzens, sei es als Mutter, als helfende Hand, als Krankenschwester, als Altenpflegerin, als Lehrerin und Erzieherin, als Ärztin. Ich bin froh darüber, dass bei uns so viele muslimische Schwestern in heilenden, pflegenden, lehrenden, helfende und wohltätigen Berufen beschäftigt sind. Durch diese Tätigkeiten, die oft mit hohen persönlichen Opfern und Einschränkungen verbunden sind, leisten sie mehr für die Akzeptanz des Islam als alle Islamfunktionäre zusammen, womit ich deren Einsatz gar nicht klein oder schlecht reden will.

Die meisten Muslime sind nach Deutschland ursprünglich als „Gastarbeiter" gekommen. Ihre Hinterhofmoscheen sind oft noch von dieser proletarischen Mitgift geprägt, zumal wenn sie in ehemaligen Fabrikgebäuden untergebracht sind. Heute gehören die meisten Muslime immer noch eher den Unterschichten an. Sie leiden in besonderer Weise unter der Wirtschaftskrise und unter Arbeitslosigkeit. Sie sollten darum von den Erfahrungen der Arbeiterbewegung lernen und mehr Solidarität miteinander und füreinander an den Tag legen.

Arbeit schändet nicht. Im Gegenteil: Arbeit adelt. Wenn wir uns die Menschen anschauen, deren Leben und Wirken der Koran und die Hadithe dokumentieren, so ist mir keine Person gegenwärtig, die dem Müßiggang gefrönt hat. Alle Personen in der Umgebung des Propheten, Männer wie Frauen, treten uns als fleißige, unermüdlich arbeitende Menschen gegenüber. Sie leben von ihrer Hände Arbeit, als Händler, als Hirten, als Landwirte, besonders beim Dattelanbau, aber auch als Gelehrte und Geistliche, als Dichter, Sänger und Künstler. Ich kann es darum schwer verstehen, das heutzutage in den Ländern, in denen das Öl sprießt, sich viele Herrschaften zu schade sind für eigene Arbeit und deshalb andere Menschen, Gastarbeiter aus Südasien, für sich arbeiten lassen. Zumal diese Menschen oft nahezu rechtlos sind und um ihre Menschenwürde und Menschenrechte betrogen werden. Das ist mit der Soziallehre des Islam und mit dem Ideal der Gerechtigkeit ganz und gar unvereinbar. Es handelt sich um eine moderne Form der Sklaverei. Schande über diese Sklavenhändler!
Ich habe übrigens allergrößten Respekt vor dem deutschen, dem lutherischen Arbeitsethos. Es ist ja nicht so, dass andere Völker sich weniger anstrengen und weniger schuften. Im Gegenteil, aber die Deutschen arbeiten effektiv, sie arbeiten diszipliniert, sie arbeiten im Kollektiv und nicht einzeln vor sich hin. Auch die deutsche Arbeiter- und Gewerkschaftsbewegung verdient meine Anerkennung und Bewunderung. Sie ist ein Beispiel für die ganze Welt, auch für Pakistan. In Karatschi sind große Straßen nach deutschen Arbeiterführern benannt, nach Marx und Engels, aber auch nach Bebel, Liebknecht und Rosa Luxemburg. Ein einheitlicher Gewerkschaftsbund nach deutschem Vorbild: das war lange das erklärte Ziel der pakistanischen Linken.
Unser Prophet selber – Gott sei mit Ihm – war zeit seines Lebens ein Arbeiter. Er hatte keine behütete Kindheit, sondern musste von früh an mit Hand anlegen, er müsste ganz selbstverständlich bei der Arbeit

der Schaf- und Kamelzüchter mithelfen. Seine Sprache, seine Bilder und Gleichnisse sind von diesen Arbeitserfahrungen gekennzeichnet. Bevor er zum Propheten berufen wurde, war er mehr als zwei Jahrzehnte als Karawanenhändler und Kaufmann unterwegs, als ehrbarer Kaufmann, wie es in Hamburg heißt, und als ehrlicher Makler. Aus diesen berufliche Erfahrungen hat er sein Leben lang geschöpft, auch als Prophet. Als Prophet war er, das zeigt uns der Koran, ein viel beschäftigter, rastlos tätiger Mensch, der oft bis zur physischen Erschöpfung gearbeitet hat. Mitunter hat ihn Gott selbst ermahnt, mit seinen Kräften zu haushalten und sich zu schonen. Auch nachts gönnte er sich keine Ruhe, sondern vertiefte sich ins Gebet. Auch das Gebet ist für einen Muslim Arbeit, ist Gottesdienst, ist Arbeit an der Vollendung der göttlichen Schöpfung.

Gott ist ein fleißiger Gott. Viele der Gottesnamen sind Umschreibungen für seinen Fleiß und seine Ausdauer. Gott braucht sich nicht von der Mühsal seines Schöpfungswerkes ausruhen. Er ist kein Sonntagsgott, sondern ein Gott für alle Fälle, für den Alltag und für den Feiertag, für den Tag und für die Nacht. Er ist im wahrsten Sinne unermüdlich. Er kennt keinen Schlummer und Schlaf. Er ist immer für uns da. Er ist Der, der für uns da ist. Der sich rastlos um uns sorgt. Und sich um jeden einzelnen von uns kümmert.

Was ist meine Arbeit, werden Sie mich fragen. Ich habe mehrere Berufe, bin Seelsorger, Koranlehrer, Theologe, Philosoph, Freitagsprediger und Vorbeter, wenn ich gefragt werde. Aber in der Hauptsache bin ich mit Hingabe und Leidenschaft Lehrer. Ich war ein wenig gekränkt, als ich einmal von einem evangelischen Pastor als „Religionsbeamter“ bezeichnet wurde. Man übernimmt eine hohe Verantwortung, wenn man die Beschäftigung mit Gott, seinen Propheten und seinen Engeln zu seinem Hauptberuf macht. Manch ein Amtsbruder, um diese christliche Bezeichnung
zu übernehmen, wird über dieser Last zum Zyniker. Es ist ja leider Gottes wahr: im Namen der Religion tun sich die Menschen die schlimmsten Dinge an. Nicht

nur Kriege werden im Namen Gottes angefacht und ausgefochten, auch im privaten und familiären Bereich fügen sich die Menschen im Namen ihres Glaubens die tiefsten Wunden zu. Vielleicht ist das nicht so verwunderlich, denn die Religion berührt uns Menschen immer an unserer empfindlichsten Stelle, am Herzen, an unserem neuralgischen Punkt. Selbst Atheisten können ausrasten, wenn man diese wunde Stelle berührt.

Meine Arbeit ist, wenn ich von dieser Welt gehe, noch nicht getan. Andere, vor allem meine Schüler, müssen sie weiterführen und irgendwann auch vollenden. Ich selber bin nur ein kleines Licht, aber wenn ich diese kleine Flämmchen, das Gott in mir angezündet hat, weiter reichen kann an meine Schülerinnen und Schüler, dann bin ich glücklich und bin sogar ein wenig stolz. Ja, manchmal ertappe ich mich bei dem Gedanken: was für eine tolle kleine Gemeinde hast du dir da doch herangezogen! Mit Gottes Hilfe, versteht sich. Ich bin froh, dass die Leitung meiner Schule jetzt mit Schwester Halima Krausen in weibliche Hände übergeht. Sie ist wirklich so etwas wie eine Mutter Courage für die deutschen Musliminnen und Muslime. Ich habe allergrößten Respekt vor ihr, auch wenn ich manchmal ganz anderer Ansicht als sie bin.

Ich liebe meine Schüler. Sie bedeuten mir viel, und sie geben mir viel. Und ich lerne von ihnen, wie sie hoffentlich von mir lernen. Von Bruder Abu Ahmed Yakobi, der mir jetzt vierzig Jahre in Freud und Leid, im Frieden und auch im Streit verbunden ist, habe ich viel über die Gesetze der Politik erfahren. Wahida Azhari, mit der ich manches intensive und auch schmerzliche Gespräch geführt habe, hat mich in die Geheimnisse der abstrakten Kunst eingeführt und mir vermittelt, wie sehr sich die gegenstandslose Kunst des Westens mit der islamischen Tradition der Bildvermeidung berührt. Und noch einmal möchte ich Halima Krausen, meine Nachfolgerin im Amt, als meine wichtigste Diskussionspartnerin in theologischen Fragen, aber auch in den Problemen des Alltags, hervorheben. Sie hat die Bedeutung der weiblichen Perspektive im theologischen

Diskurs deutlich gemacht und mir die Augen dafür geöffnet, wie sehr unsere ganze Religionspraxis unter der männlichen Dominanz leidet. Das wird sich mit ihrer Hilfe und ihrem stillen, aber beharrlichem Durchsetzungsvermögen ändern.

Es gab Jahre in der Moschee, in denen ich meine Arbeit fast im Verborgenen verrichtet habe. Wir wurden von den Oberen kaum wahrgenommen oder sogar misstrauisch beäugt. Aber all das soll vergessen sein. Jetzt zählen allein die Früchte, mit denen Gott unsere Arbeit gesegnet hat.

Meine Schüler sind mittlerweile in alle Winde zerstreut. Es ist in der Natur der Sache, dass die meisten von ihnen nur vorübergehend bei mir zur Schule gehen. Sie gehen weiter, nachdem sie ihre Lektion bekommen und hoffentlich begriffen haben. Und der eine oder andere geht dann auch wieder fort, fort von mir und sogar fort in eine andere Richtung. Es tut mir in der Seele weh, wenn sich ein Schüler entschieden von mir abwendet. Ich bete dann, dass Gott ihn auf den rechten Weg bringen oder zurückbringen möge. Aber das Urteil über ihn steht nicht in meiner, sondern in Gottes Hand.

Leider habe ich keinen Sohn, der mir in meinem geistlichen Beruf nachfolgen könnte, und meine liebe Tochter Nouschin fühlt sich auch nicht zur Imamin berufen. Gott hat uns Lehrern auferlegt, unser Wissen weiterzugeben. Und diese Weitergabe geschieht ja beileibe nicht nur in der Familie, vom Vater auf den Sohn, sondern vor allem durch die Beziehung des Lehrers zu seinen Schülerinnen und Schülern. Ich weiß, dass ich nicht mehr allzu lange hier auf Erden zu leben habe, meine Zeit ist irgendwann abgelaufen. Aber ich weiß auch, wenn es mir gelungen ist, den einen oder anderen Gedanken von mir in den Kopf und in das Herz meiner Schüler einzupflanzen, dann muss ich mir um mein Erbe keine grauen Haare wachsen lassen. Meine Haare sind ohnehin schneeweiß, so wie die Haare vom Weihnachtsmann, sagt Maha, meine Enkelin, immer wieder, wenn sie mir den Bart streichelt.

Über Armut

Über Armut redet man nicht gern, besonders in muslimischen Kreisen. Armut wird gern verdeckt, von den Reichen, die damit ihr schlechtes Gewissen beruhigen möchten, aber auch von den Armen selbst. Armut gilt als Schande, leider auch auf dem indischen Subkontinent, der besonders in Europa als Kontinent der Barmherzigkeit romantisiert wird. Die indische Realität sieht anders aus. Das Kastendenken ist noch immer tief verankert. In Pakistan sind die sozialen Gegensätze nicht so stark ausgeprägt. Das Land gehört zu ärmsten Staaten der Erde, aber religiöse Stiftungen und das nachbarschaftliche Engagement vieler Moscheegemeinden helfen, die Not der Allerärmsten zu lindern.
Die einzigen, die das Los der Armut akzeptieren und versuchen, daraus das Beste zu machen, sind die Sufis. Die indischen Fakire und die türkischen Derwische sind jahrhundertelang als Wanderprediger von Dorf zu Dorf, von Stadt zu Stadt gezogen und haben die einfachen Menschen zu Gebet und Gesang angeleitet. Sie haben ihr spirituelles Wissen von Generation zu Generation weitervermittelt. Durch ihr stilles Wirken haben es viele im materiellen Sinne Bettelarme zu hohem geistigem Reichtum gebracht.
Unter den hier lebenden und eingewanderten Muslimen ist die Armut weit verbreitet, auch wenn sie von den Amtspersonen oft gar nicht wahrgenommen wird. Nach meiner Überzeugung müssten unsere Moscheegemeinden sich sozial, in ihrem Umfeld, in der Nachbarschaft und unter den eigenen Mitgliedern, sehr viel mehr engagieren. Einladungen zum Iftar während des Fastenmonats allein genügen nicht. Sie sind nur ein Tropfen auf den heißen Stein und dienen oft mehr dem Ruhm des Spenders als der Hilfe für die Bedürftigen.
Der Prophet hat von sich gesagt, er sei stolz darauf, unter den Armen zu leben. Wer heute nach Mekka und Medina kommt, der sieht Prunk und Reichtum im Überfluss. Wer aber genauer hinschaut, der wird trotz

dieser Fassade erkennen, unter welch armseligen Bedingungen, verglichen mit heute, die ersten gläubigen Muslime gelebt haben. Sie wohnten in einfachen Hütten und Zelten, sie ernährten sich hauptsächlich von Datteln, Fleisch war Luxus und gab es nur an Festtagen. Tiere wurden geopfert, aber nicht millionenfach dahingeschlachtet. Der Massenkonsum von Fleisch in vielen muslimischen Ländern ist nicht nur verschwenderisch, sondern auch ökologisch verantwortungslos. Zur Prophetenzeit wurde das Fleisch der Opfertiere nicht verprasst, sondern immer geteilt, mit den Verwandten, mit den Mühseligen und Beladenen. Das Jesuswort, eher kommt ein Kamel durch ein Nadelöhr als ein Reicher in den Himmel, gilt auch für Muslime.
Über die Aussichten der arabischen Ölmilliardäre, in den Himmel zu kommen, will ich nicht spekulieren. Wenn sie ihr schwer verdientes Geld in den Kauf deutscher Schützenpanzer anlegen, dann macht das ihren Weg ins Paradies sicher nicht leichter. Wie viel segensreicher wäre es, wenn sie ihre Petrodollars dafür nützen würden, um die Armut zu bekämpfen, in den muslimischen Ländern und weltweit.
Armut ist kein gottgewolltes Schicksal. Armut ist menschengemacht. Wir selber sind schuld daran. Gott hat uns alle Ressourcen bereitgestellt, um allen Menschen ein Leben ohne Armut und soziale Benachteiligung zu ermöglichen. Das Welthungerproblem ist lösbar. Genauso wie der Weltfriede kein utopisches, sondern ein realpolitisches Ziel ist.
Auch wenn ich mich selber als Sufi sehe, so habe ich doch nie ein härenes Gewand getragen. Als Kind einer Maharadschafamilie wäre mir das als eine komische Maskerade vorgekommen. Auch meine Frau hat immer großen Wert darauf gelegt, dass ich würdevoll gekleidet bin. Das war und bin ich meiner Stellung als Imam schuldig. Trotzdem habe ich, besonders als ich in Deutschland angekommen bin, Zeiten der Armut und der proletarischen Existenz durchgemacht. Einige Monate lang war ich als Betonbauer beim Bau der ersten langen Landebahn auf dem Hamburger Flugha-

fen beteiligt. Arbeit ist keine Schande, im Gegenteil, sie gereicht einem Muslimen zur Ehre. Es spricht für unsere muslimischen Schwestern und Brüder, dass sie zuerst als Gastarbeiter nach Deutschland gekommen sind. Sie haben geholfen, Deutschland nach vorn zu bringen.

Nach den Mühen des Anfangs ist es mir, meiner Frau und unserer Tochter besser gegangen, auch dank der Unterstützung meiner Familie und des wirtschaftlichen Aufstiegs in Deutschland. Wir waren sogar dann und wann in der Lage, einigen in Not geratenen Brüdern und Schwestern zu helfen.

Ein Muslim muss helfen, muss, wenn er mehr hat, als er selber für sich und seine Familie braucht, teilen. Ohne die Erfüllung des Zakatgebotes kann keiner ein Muslim sein. Das muss nicht immer in Form von Geld geschehen. Das kann auch in Gestalt von guten Werken anderer Art erfolgen, durch Wohltaten, durch nachbarschaftliche Hilfe, durch Krankenbesuche, durch Einladungen oder durch Trost, den man einem leidenden Menschen spendet. Selbstverständlich auch mit Gebeten und Fürbitten. Manchmal wirkt schon ein gutes Wort wahre Wunder. Oder ein Lächeln wie von meiner Schwester Rashida oder ihrer Tochter Jasmin. Das kostet nichts und kann doch soviel Barakat bringen.

Islamischer Pazifismus

Mit Hingabe und mit Pathos feiern meine pakistanischen Schwestern und Brüder Jahr für Jahr Muharram, die ersten zehn Trauertage zu Beginn des neuen islamischen Jahres. Höhepunkt der Trauerrituale ist Aschura, der zehnte Tag, an dem die Tragödie um Imam Hussein in Kerbela ihr Ende fand. Auch mich rührt die Erinnerung an dieses Geschehen, auch wenn es uns noch so legendenhaft anmutet, immer wieder zu Tränen. Kerbela ist für mich ein Symbol für all das, was sich die Menschen einander an Leid und Schmerz gegenseitig zufügen können. Auch für das, was sich Muslime gegenseitig an Verletzungen antun können.

Für mich sind die Bezüge zwischen Muharram und Aschura und den christlichen Passionsritualen offenkundig. Wenn ich in der Karwoche einen christlichen Gottesdienst besuche und dann den Choral „*Oh Haupt voll Blut und Wunden*“ höre, dann kommen mir die ergreifenden Klagelieder um den Märtyrertod Husseins in den Sinn, die besonders von den Pakistanis mit großer Inbrunst vorgetragen werden. Dabei fließen die Tränen in Strömen.

Das Wort „Muharram“ ist abgeleitet von „haram“, verboten. In den drei Monaten rund um die Hadsch war es streng verboten, Krieg zu führen, Gewalt auszuüben und Blut zu vergießen. Darum schmerzt es mich umso mehr, dass ausgerechnet das Geschehen im Muharram dazu missbraucht worden ist und immer wieder missbraucht wird, um zu Krieg und Gewalt aufzurufen. Ich erinnere nur an den Golfkrieg zwischen Irak und Iran, als auf beiden Seiten Kindersoldaten dazu genötigt wurden, beim Gang über die Minenfelder ihr junges Leben aufzuopfern – so opferwillig wie Hussein und seine Gefährten in der von Anfang an verlorenen Schlacht von Kerbela. Auch die Selbstmordattentate im Nahen Osten, im Irak und Afghanistan sind mit dem tragischen Geschehen in der Schlacht von Kerbela begründet worden. Die Botschaft des

Muharram besagt in meinen Augen das Gegenteil: den Verzicht auf Gewalt und die Suche nach gewaltfreien Lösungen. Ob wir heute noch Märtyrer brauchen, wage ich zu bezweifeln. Wir brauchen Glaubenszeugen, aber mir ist es lieber, wenn sie mit ihrem gelebten Leben statt mit ihrem Opfertod Zeugnis von ihrem Glauben ablegen.

Gelegentlich höre ich als Rechtfertigung für die Selbstmordattentate die Losung: Es ist besser, in Würde zu sterben als würdelos zu leben. Ich meine, das ist keine islamische, sondern eine nihilistische Einstellung. Der Islam ist keine Religion des Todes, sondern des Lebens, des Lebens in dieser und der anderen Welt. Solange wir hier auf Erden leben, hat das irdische Leben den Vorrang. Daraus leite ich meinen Pazifismus ab.

Der Islam ist für mich eine Friedensreligion. Das meine ich auch politisch. Ich bin in jedem Fall gegen Gewaltlösungen und militärische Optionen. Kriege sind für Muslime nur als Verteidigungskriege erlaubt. Radikalismus und Extremismus sind dem Islam wesensfremd. Ich verstehe mich als Anwalt der „radikalen Mitte" und distanziere mich ausdrücklich von allen militanten Zirkeln am Rande unserer Gemeinschaft, die den bewaffneten Widerstand unterstützen. Zum Beispiel eine Gruppierung, die sich „Islamischer Weg" nennt und für sich beansprucht, den einzig rechten Weg gefunden zu haben. Ihre Hamburger Anhänger haben mir mit ihrem aggressiven Auftreten den Koranunterricht mitunter zu einer physischen Qual gemacht. Derartige sektiererische Gruppen tragen Streit und Unfrieden in die muslimische Weltgemeinschaft. Besonders unerträglich ist für mich ihr fanatischer Israelhass, der mitunter auch antisemitische Züge aufweist. Die Politik des Staates Israel ist abzulehnen, ohne Wenn und Aber, aber das ist kein Grund, überall und nirgends jüdische Verschwörungen zu wittern. Der Verschwörungsaberglaube gehört ohnehin zu den weniger schönen Seiten unseres aktuellen Erscheinungsbildes.

Bei aller Friedfertigkeit und angeborener Friedensliebe: mitunter ist es nötig, einen Konflikt zu führen und, wenn möglich, ihn auch siegreich zu Ende zu führen. Nachgiebigkeit ist nicht immer angebracht. Ich habe den Konflikt nicht gescheut, als ich öffentlich Khomeinis Fatwa in Sachen Rushdie widersprochen habe. Das hat zu einem heftigen Streit in meiner Moschee geführt, aber ich bin stur geblieben und habe meine Erklärung nicht widerrufen, auch wenn die iranischen Medien das behauptet haben. Der Abdruck meiner Khomeini-Kritik in der Zeitschrift der Moschee, al-Fadschr, hat die Entlassung des verantwortlichen Redakteurs zur Folge gehabt. Der Bruder war darüber so verzweifelt und hat schließlich am ganzen Islam gezweifelt, dass er seine Zuflucht im Buddhismus gesucht hat.
Als ich zum ersten Jahrestag des Sieges der Islamischen Revolution in den Iran eingeladen war, bin ich Imam Khomeini begegnet. Von seiner Erscheinung, seiner Aura, seinem demütigem Auftreten war ich sehr beeindruckt. Aber darum war und ist er für mich nicht unfehlbar. Ich kann darum nicht alles rechtfertigen, was hinterher in seinem Namen verkündet und geschehen ist. Nicht die Rushdie-Fatwa mit der Todesdrohung, nicht die mangelnde Friedensbereitschaft im viel zu lange dauernden Krieg mit dem Irak mit seinen Millionen Toten auf beiden Seiten, nicht die militanten Frontstellung gegen Israel, die bis heute die Lösung des Palästinakonfliktes erschwert und Gräben errichtet hat, die überall zu spüren sind. Dennoch: Khomeini ist eine der ganz großen Persönlichkeiten der islamischen Geschichte. Er hat zugleich Weltgeschichte geschrieben. Er hat den Islam aus seinem Tiefschlaf wachgerüttelt.
Bei allem Respekt vor seiner Leistung: der Personen- und Heiligenkult, der gegenwärtig im Iran um Iman Khomeini inszeniert wird, ist mir suspekt. Im Islam sollte es keinen Heiligenkult geben, und erst recht keine politisch instrumentalisierte Heiligenverehrung. Schon die propagandistische Zurschaustellung seines

Porträts empfinde ich als anstößig. Ich habe, soweit das in meiner Macht stand, auch immer wieder versucht, zur verhindern, dass Khomeini-Bilder in der Moschee ausgestellt wurden.
Zur Prophetenzeit waren in den drei Heiligen Monaten Kriegshandlungen tabu. Das wurde von Muslimen wie von Nichtmuslimen beachtet. Umso mehr hat es mich geschmerzt – verhindern konnte ich es nicht – das von meiner Moschee aus ausgerechnet am letzten Freitag im Ramadan, einem der Tage und Nächte, die eigentlich dem besinnlichen Tarawih-Gebet vorbehalten sind, lautstark zur Jerusalem-Demonstration meistens in Berlin aufgerufen wurde, einem einseitigen und von Hass diktierten Aufmarsch militanter Gruppen gegen Israel und USA. Wenn die Schwestern und Brüder ihre Solidarität mit den Palästinensern demonstrieren wollen, dann wäre gerade im Ramadan ein Schweigemarsch angebrachter und gewiss auch wirksamer.
Gewaltlosigkeit steht in der muslimischen Welt gegenwärtig nicht hoch im Kurs. Aber dieses Mittel ist eigentlich in der Gegenwart nur selten richtig ausprobiert worden. Ghandi und Dschinna haben mit dem gewaltlosen Widerstand einmal das britische Weltreich zum Rückzug aus Indien gezwungen. Verheißungsvoll war für mich der Beginn des arabischen Frühlings mit dem friedlichen Umsturz in Tunesien und dem Sturz des Mubarakregimes in Ägypten. Das waren in der Tat Siege der Gewaltlosigkeit über die militärische Gewalt. Leider sind diese Lehren von den Freiheitskämpfern in Libyen und in Syrien nicht beherzigt worden. Sie sind in die alten Muster von Gewalt und Gegengewalt zurückgefallen.
Wir brauchen in der islamischen Welt eine neue Kultur des Friedens und der Gewaltlosigkeit. Noch immer werden viele Länder vom Militär oder von Diktatoren, die von den Armeen gestützt werden, regiert. Auch in Pakistan geht die Gewalt nicht vom Volk, sondern hauptsächlich von den Generälen aus. Das Land ist hochgerüstet und verfügt sogar über Atombomben. Wozu? Was haben die Bauern oder die Opfer der ver-

heerenden Überschwemmungen im Industal davon, dass ihre Oberbefehlshaber sogar über Atomwaffen verfügen? Kann man damit eine Sintflut abwenden? Wenn manche Freunde dann sogar noch von einer „islamischen Atombombe“ sprechen, wird mir übel. Atombomben, atomare, chemische und biologische Massenvernichtungswaffen sind mit dem Islam ganz und gar unvereinbar. Das sage ich auch in Richtung Iran, sollte dort tatsächlich jemand den Plan haben, heimlich nach Atomwaffen zu streben. Das kann ich mir nicht ernsthaft vorstellen. Meine iranischen Gewährsleute sind allesamt entschiedene Gegner der atomaren Bewaffnung. Gegen wen sollten die Bomben eingesetzt werden? Gegen Jerusalem? Aber man kann doch nicht al-Quds, unsere drittheiligste Stadt, mit Atombomben auslöschen!

„Islam“ bedeutet zuallererst „Frieden“. Salamaleikum, Friede sei mit Euch, das ist unsere erste Botschaft an die Welt, an den Nächsten und nicht zuletzt auch an uns selbst, damit wir zur Ruhe kommen und Ruhe in uns selbst, im Einklang mit Gott, finden. Wir können keinen Frieden stiften, wenn wir nicht selbst zufrieden sind und mit uns selbst in Frieden leben. Wir brauchen eine islamische Friedensbewegung. Vielleicht können wir als Minderheit von Deutschland, von Europa aus sogar den Anstoß dazu geben. Immer noch wird der Islam von seinen Gegnern vor allem mit Gewalt und Krieg in Verbindung gebracht. Westliche Experten sind überwiegend der Meinung, der Islam habe sich vor allem in seiner Anfangszeit mit militärischer Gewalt ausgebreitet. Die Ausbreitung des Islam erfolgte aber vor allem durch den Aufbau eines weit reichenden Handelssystems. Das Handelsnetz der muslimischen Araber nahm schon bald globale Ausmaße an. Es reichte von Spanien, al-Andalus, im Westen bis in den fernen Osten, bis weit über Indien hinaus, nach Sri Lanka und Burma, nach Thailand, nach Indonesien, zu den Philippinen und bis tief hinein nach China. Es waren keine Soldaten und keine Armeen, die die neue Religion voran getragen haben, es waren vor allem

Kaufleute, ehrliche Händler und Makler, die die Leute nicht übers Ohr gehauen haben, sondern bemüht waren, ehrliche und gerechte Preise zwischen Käufern und Verkäufern auszuhandeln. Das berüchtigte „Feilschen“ hatte ursprünglich den Sinn, einen Preis zu ermitteln, mit dem beide Seiten leben konnten und der allen am Handel beteiligten Partnern einen Vorteil verschafft.

Mehr Demokratie wagen

Demokratie – ein hohes und hehres Ideal. Dort, wo sie verwirklicht ist und alle Menschen in irgendeiner Weise an den Entscheidungsprozessen teilnehmen können, haben die Menschen allen Grund, zufrieden zu sein. Das Problem ist nur: meistens bleibt die Demokratie auf dem Papier, sie bleibt ein leeres Versprechen. Oft genug wurde der Ruf nach Freiheit und Demokratie von den Westmächten missbraucht, um einen Krieg zu rechtfertigen. Meistens ging es dabei um Öl oder um reine Machtpolitik. Demokratie kann man nicht mit Panzern errichtet werden, Demokratie kann nicht von außen aufgezwungen werden, sie muss von den Völkern selbst gewollt, erkämpft und aufgebaut werden.

An der deutschen Verfassung schätze ich zwei Dinge mehr als alle demokratischen Versprechungen. Deutschland ist für mich zunächst ein Rechtsstaat. Hier wird sicher nicht unbedingt nach unseren Vorstellungen Recht gesprochen, aber es wird Recht gesprochen. Recht und Gerechtigkeit sind ein hohes Gut, und diese Rechtssicherheit ist hierzulande weitaus besser gewährleistet als in den meisten Ländern, die sich islamisch nennen. Zum anderen ist Deutschland immer noch ein Sozialstaat, auch wenn der Staat immer mehr Sozialleistungen einspart. Von solchen Errungenschaften sind die islamischen Staaten immer noch weit entfernt. Im Iran oder in Pakistan gibt es zwar Almosen für die Armen, aber sie haben darauf leider keinen Rechtsanspruch wie in diesem Land. Manchmal bin ich darum geneigt, Deutschland einen „islamischen Staat" zu nennen, ein Land, in dem mehr ethische Normen des Islam verwirklicht sind als in den Kerngebieten der islamischen Welt.

Es ist bemerkenswert, dass sich die Väter der modernen Demokratie immer wieder auf die griechischen Philosophen berufen, auf Sokrates, Platon und Aristoteles. Aber waren diese Denker wirklich lupenreine Demokraten? In ihren Modellen gab es keinen Platz für Frauen, für Sklaven, für Nichtgriechen und für arme Leute. Sie haben eher an einen Rat der Edlen und Weisen gedacht, der den Staat lenken sollte. Auch die islamische Staatsphilosophie hat an die altgriechischen Philosophen angeknüpft und die Idee weiterentwickelt, dass die klügsten und frömmsten Köpfe die Verantwortung für die Gestaltung der Politik und der Gesellschaft tragen sollten. Wenn es in der Verfassung der Islamischen Republik Irans Gremien wie den Wächter- und den Expertenrat gibt, dann gehen diese Einrichtungen letzten Endes auf Platons Vorstellungen vom Aufbau eines idealen Staats zurück. Auch in der Bundesrepublik gibt es Restbestände dieser Denktradition. So hat der Bundestag schon seit einigen Jahren einen „Ethikrat" berufen, dessen Empfehlungen bei Gewissensentscheidungen etwa zu Fragen der Abtreibung oder Stammzellenforschung Gehör finden. Dahinter steht die für mich richtige Erkenntnis, dass das demokratische Mehrheitsprinzip nicht für alle Aspekte unseres Lebens tauglich ist. Bei der Bildung einer Regierung mag es richtig sein, sich nach dem Willen der Wählermehrheit zu entscheiden. Aber Recht und Gerechtigkeit richten sich nicht nach der jeweiligen Mehrheit, sondern nach ethischen Normen, die weit über den jeweiligen Mehrheitsverhältnissen stehen.

Im Koran wird keiner bestimmten Regierungsform der Vorzug gegeben. Entscheidend sind nach islamischer Auffassung eine gute Regierungsführung und die Wahrung von Recht und Gesetz. Für den Entscheidungsprozess empfiehlt der Koran das Prinzip der Schura, der gegenseitigen Beratung, an deren Ende nicht der Sieg der Mehrheit über die Minderheit stehen sollte, sondern möglichst ein Konsens, dem alle Parteien zustimmen sollten. Das dauert dann natürlich länger als bei den Abstimmungen in den westlichen Parlamenten.

Warum haben das indische Moghulreich und das Osmanische Reich über viele Jahrhunderte Bestand gehabt? Weil beide Reiche jedes auf seine Art Methoden entwickelt haben, um die zahllosen ethnischen, kulturellen und religiösen Minoritäten auf ihren riesigen

Territorien an den Entscheidungsprozessen zu beteiligen. Am Hofe des Kaisers Aghbars des Großen waren nicht nur muslimische Experten tätig, sondern in ebenso großer Anzahl hinduistische und buddhistische Ratgeber. Selbst Jesuiten aus Europa, Schamanen aus Zentralasien und Philosophen aus China und Japan zog der Kaiser zu Rate. Von dieser weisen Regierungsführung ist die viel gepriesene indische Demokratie der Gegenwart weit entfernt. Von Pakistan will ich gar nicht erst reden. Aber ich bin mir sicher: ließen sich die Regierungen beider Länder statt von den Militärs von den Weisen, den Dichtern und Denkern, den Philosophen und Theologen beraten und inspirieren, so wäre der unselige Konflikt um Kaschmir längst beendet und die Atomwaffen wären längst verschrottet worden.

Ich bin als Mann geboren worden. Und ich schäme mich meiner Männlichkeit nicht. Sei ein Mann! Wenn meine Mutter das zu mir sagte, dann hab ich den Kopf höher gereckt. Hier in Europa sind die Mannestugenden sehr in Verruf gekommen. Mannesmut, Ritterlichkeit, Tapferkeit: warum sollten wir diese Werte ad acta legen? Man muss einen Mann nicht unbedingt kriegerisch definieren, man kann ihn auch als Denker, als Ingenieur, als Meister bestimmen. Aber bei uns in der islamischen Alltagsrealiät hat der viel beschworene „neue Mann" noch keinen Einzug gehalten. Wir haben in der Frauenfrage ein ähnliches Problem wie die katholische Kirche, auch wenn wir kein Priesteramt und kein Zölibat kennen. Aber wir haben unter den Theologen und den geistlichen Würdenträger einen regelrechten Männlichkeitswahn. Als gestandener Mann, wie man in Deutschland sagt, bin ich natürlich kein Feminist. Aber ich stimme der Ansicht meiner Schülerin Halima Krausen, der Theologin Katajun Amirpur oder auch der von mir sehr geschätzten pakistanischen Frauenrechtlerin Asma Barlas zu: die Frauenfrage ist heutzutage der Schlüssel für die Demokratisierung und die Erneuerung des Islam. Nicht weil die Frauen die besseren Menschen sind oder die besseren Theologen.

Nein, weil es schlicht und einfach nicht angehen kann, dass die Hälfte der Menschheit, die Frauen, die für mich das stärkere Geschlecht sind, von allen wichtigen Entscheidungen, von öffentlichen Leben und vom gesellschaftlichen Prozess ausgeschlossen sind.
Eine Theologie ohne Frauen ist eine blutleere, lebensferne Theologie, öde und leer. Wenn nur Männer über Gott reflektieren, dann kommt ein entsprechendes männlich geprägtes, patriarchalisches und großväterliches Gottesbild dabei heraus. Gott ist dann der Allmächtige, der Herrscher, der Lenker, der Big Boss, der Große Manitu. Aber Gott ist das alles ganz und gar nicht, er ist kein alter Mann mit Bart, er ist überhaupt kein Mann. Wenn er menschliche Züge hat, dann hat er die Eigenschaften einer unendlich schönen Frau. Seine beiden ersten Gottesnamen, rahman und rahim, sind abgeleitet von dem arabischen Wort für „Mutterschoß". Dieselbe Ableitung hat auch das entsprechende deutsche Wort „barmherzig". „barn" kommt von „gebären" und bedeutet ebenfalls „Mutterschoß". Gott ist weiblich, die Frau steht ihm als Liebende, Empfangende und Gebärerin näher als der Mann, er versammelt in sich – mit Goethe zu reden – das ewig Weibliche", das uns alle „hinan zieht".

Die Grenzen der Toleranz

Mit der Frage nach den Grenzen der Toleranz wurde ich zum ersten Mal während der Studentenbewegung 1967 konfrontiert. Professor Spuler, mein akademischer Lehrer an der Hamburger Universität, war empört über die Proteste gegen die Amtseinführung des neuen Rektors am 9. November 1967 und war über den Spruch „Unter den Talaren Muff von 1000 Jahren" alles andere als amüsiert. Er war so sauer, dass er den Studenten während der Tumulte laut zurief „Ihr gehört alle ins KZ!" Dieser spontane Wutanfall ging dann durch die Medien, der „Spiegel" brachte eine Story über die braunen Flecken auf Spulers weißer Weste. Wir haben damals Tage und Nächte miteinander diskutiert. Der Professor war zu stur und selbstgerecht, um sich in aller Form für seinen Wutausbruch zu entschuldigen. Ich habe damals begriffen, dass es in Deutschland Grenzen der Toleranz gibt, die man respektieren muss. Solche Grenzen, die man besser nicht überschreitet, gibt es in allen Völkern, Kulturen und Religionen.

Selbstverständlich gibt es solche Grenzen der Toleranz auch im Islam. Wo sie verlaufen, ist allerdings immer eine Streitfrage. Die Scharia hilft da nicht weiter. Sie lässt sich immer so oder so auslegen. In meiner Bibliothek steht eine 32bändige Sammlung von Rechtsgutachten aus Pakistan. Ich kann mit gutem Gewissen sagen, dass zu jedem einzelnen Problem Aussagen und Urteile angeführt werden, die einander diametral widersprechen. Diese Mehrdeutigkeit gibt der Toleranz einen großen Spielraum, gerade in heiklen Fragen.

Als Imam Khomeini seinen Bannfluch über Salman Rushdie wegen dessen „Satanischer Verse" verhängte und Fanatiker dazu aufriefen, ihn zu ermorden, war ich entsetzt. Ich habe mich schließlich zu einer eigenen Fatwa durchgerungen. Darin habe ich zunächst einmal festgestellt, dass Khomeinis „Todesfatwa" schon aus formalen Gründen für Deutschland keine Gültigkeit

besitzt. Zum anderen habe ich dargelegt, dass Fragen der Kunst und der Literatur nicht mit Gewalt und Mord zu klären und zu lösen sind, sondern nur mit geistigen Waffen. Im Unterschied zu Imam Khomeini und seinen Ratgebern hatte ich die „Satanischen Verse“ selbst im englischen Original gelesen und war zu ganz anderen Schlüssen gekommen. Ich fand und finde das Buch äußerst geistreich, witzig und hochgelehrt. Es fußt tief in der indopakistanischen Kultur der religiösen Fehde und kann, mit den zwinkernden Augen der gegenseitigen Toleranz gelesen, sogar zum interreligiösen Verstehen beitragen. Es ist ja nicht zu leugnen, die als „satanisch“ missverstandenen Verse, stehen tatsächlich im Koran, und sie haben den Theologen seit altersher schon so manches Kopfzerbrechen bereitet.
Schlimmer als Rushdies „Satanische Verse“ waren in meinen Augen die dänischen Mohammed-Karikaturen. Sie waren jenseits des guten Geschmacks, jenseits der Toleranzgrenze. Aber was folgt daraus? Man kann meines Erachtens nur eines tun: schweigen, die Sache totschweigen, keinen Lärm drum machen. Die Proteste in Teilen der islamischen Welt haben doch nur eines bewirkt: sie haben die Karikaturen erst zu dem Skandal gemacht, den sie gar nicht wert waren. Sie haben aus der Mücke einen Elefanten gemacht. Ich plädiere gegenüber all solchen Provokationen, die sich sicher noch wiederholen und vielleicht verstärken werden, für allergrößte Gelassenheit. *Gar nicht um kümmern!* war ein Leitspruch meiner ostpreußischen Schwiegermutter, und an diese Lebensweisheit hab ich mich manches Mal mit Gewinn gehalten.
Heutzutage gibt es in der islamischen Welt weit mehr Tabus als in früheren Zeiten. Die Homosexualität gehört dazu. In dieser Frage war der Islam immer toleranter als das Christentum, und ich betone immer gern, dass unser größter Dichter, Rumi, die längste Zeit seines Lebens verliebt in seinen Lehrer Schams-Tabrisi gewesen ist und offenkundig mit ihm nicht nur geistig, sondern auch körperlich eng verbunden war. Am Rande eines Iftarempfangs hat mich einmal Hamburgs homosexueller

Bürgermeister Ole von Beust gefragt: „Sie wissen doch, ich bin schwul? Was halten Sie davon?“ Ich habe geantwortet: Sie sind mir sympathisch, weil Sie an alle Fragen offen heran gehen. Wie Sie leben, mit wem Sie zusammen leben, das ist Ihre Sache, das geht mich nichts an. Das müssen Sie selber vor Gott verantworten. Dann wollte er wissen: Was halten Sie von der Homo-Ehe? Ich habe gesagt: Damit habe ich kein Problem. Für uns Muslime ist die Ehe kein Sakrament, sondern ein Vertrag, den zwei mündige und gleichberechtigte Menschen miteinander schließen. Wenn zwei Männer, wenn zwei Frauen sich einig sind und sich gegenseitig zur Treue verpflichten, dann geht das in Ordnung. In Afghanistan gibt es diesen Brauch seit ewigen Zeiten. Zwei Männer gehen zu einem Scheich, machen unter seinen Augen einen Vertrag und feiern dann eine „Kandaharische Hochzeit“. Ich habe selber mehrere schwule und lesbische Freundinnen und Freunde, Schüler und Schülerinnen. Ich komme gut mit ihnen aus. Ihre Freundlichkeit und Fröhlichkeit gefällt mir. Besonders als Künstler und Literaten leisten sie oft Großes.

Ich bin stolz darauf, dass zu meinem Schülerkreis etliche künstlerisch tätige und produktive Frauen und Männer gehören. Zur Feier meines 75. Geburtstages haben sie mir der Reihe nach ein Ständchen gebracht, und ich hatte an all ihren Darbietungen meine Freude, auch wenn die beamteten Turban- und Bedenkenträger aus der Moschee mehr als sauertöpfisch aus der Wäsche geguckt haben. Azougaye Lahsen hat mir eine Kalligraphie geschenkt. Darauf hat er einige Gottesnamen geschrieben, nicht nur in arabischen Buchstaben, sondern auch Hebräisch, Türkisch und Deutsch. Ilyas Özdemir, der sich als Künstler Phago nennt, hat mich porträtiert, nicht realistisch, sondern surrealistisch und mystifizierend, als würde durch mich der Morgenglanz der Ewigkeit hindurchschimmern. Wahida Azhari, die seit fast dreißig Jahren zu meinen unerbittlichsten Schülerinnen gehört, hat mir eine abstrakte Arbeit gewidmet, die ausgeht von einem persönlichen Erleben des Lichtverses im Koran. Von Ilka Vogler hab ich einmal ein Lackfolienbild von einem springenden Gecko bekommen, ein Symbol der Lebens- und der Abenteuerlust, in dem ich mich mit all meiner Vorfreude auf das Paradies wiederfinde.

Ich höre leidenschaftlich gern Musik, am liebsten natürlich die Raga-Musik aus meiner indischen Heimat, die ich vermutlich schon im Mutterleib vernommen habe. Sie war, solange ich noch in Indien lebte, allgegenwärtig. Auf meiner Geburtstagsfeier hat Ashraf Khan ein wunderbares Raga-Konzert gegeben, das mich und meine Frau zu Tränen gerührt hat, aber ebenso hab ich mich an den Trommelwirbeln und den ausgelassenen Ausdruckstänzen von Odette El-Ibiary erfreut. Sie ist eine begnadete Mystikerin, ein Multitalent, tätig in sieben Sufi-Disziplinen. Sie tanzt, singt, trommelt, gongt, schreibt, malt und lehrt. Außerdem heilt sie, gibt Yoga-Unterricht und leitet Meditationsübungen.

Musik kennt keine Grenzen, und meine Musikliebe ist ebenso unbegrenzt. Nur mit allzu lauter Orgelmusik habe ich mitunter meine Probleme. Das klingt mir zu gewaltig. Aber es passt es wohl zu mir, dass Shezad, der Sohn meiner pakistanischen Schwester Rashida, der als Shelvis, als Elvis-Imitator Karriere gemacht hat, mich und meine Geburtstagsgäste zum Abschluss der Feier mit Songs von Elvis Presley in Schwung versetzt hat. „Love me tender“: so ein Lied lässt sich nicht nur erotisch verstehen, man kann es sich auch als ein Hohes Lied auf die Gottesliebe zu Herzen nehmen.

Freude, Spaß, Lachen, Scherz, Satire und Ironie gehören zum Leben. Sie sollten auch zum Islam gehören. Es ist leider wahr. Wir Muslime verstehen, zumindest heutzutage, zu wenig Spaß. Vielleicht gibt es wenig zu lachen, aber wir sollten uns den Spaß nicht verderben lassen. Wo bleibt der Nasreddin Hodscha von heute? Seine Späße täten uns heute sehr gut. Wir zelebrieren zahllose Koranrezitationswettbewerbe. Das ist schön und gut. Aber wo bleibt der Satirewettbewerb? Damit wir es endlich wieder lernen, auch über uns selbst zu lachen.

Was ist ein Sufi?

Die islamische Mystik habe ich mit der Muttermilch eingesogen. Meine Mutter und mein Großvater mütterlicherseits gehören dem Chishti-Orden an. Mein erster Lehrer war derselbe, der schon meine Mutter unterrichtet hatte. Ich bin sozusagen in mystischer Atmosphäre aufgewachsen. Auch in meiner theologischen Ausbildung hat die Mystik eine zentrale Rolle gespielt. Aber die Mystik war für mich wie für die allermeisten Chishtis nie etwas Weltabgekehrtes. Ich habe mich nie in die innere Emigration zurückgezogen, sondern versucht, soweit das in meinen Kräften stand und steht, das Meine zur Verbesserung der Welt beizutragen, auch im politischem Sinn des Wortes.

Ein Sufi ist ein Mensch, der ganz und gar, mit Leib und Seele, mit Herz und Verstand, auf Gott vertraut. Der Gott mehr vertraut als den Menschen. Und weil er dieses absolute Gottvertrauen hat, kann er auch den Menschen vertrauen – im Vertrauen auf Gottes Rechtleitung.

Ein Sufi ist ein freier Mensch. Regeln, Gesetze und Normen haben für ihn nur einen begrenzten Wert. Er ergibt sich aus freiem Stücken Gottes Willen. Aber das heißt nicht, dass ihm Gott all seine Entscheidungen abnimmt. Er muss Tag für Tag selbst entscheiden, was nach seiner Ansicht Gottes Wille ist. Was Gott mit ihm vorhat, das muss er selbst herausfinden.

Ein Sufi ist keineswegs weltfremd. Er ist kein Mönch, er ist kein Berufstheologe, er verwirklicht seine Gottergebenheit im Alltag, in der Erfüllung seiner Arbeit, in der Hingabe an den Nächsten. Seine Gottesliebe zeigt sich und bewährt sich in der Liebe zu seinem Nächsten, zu seinem Partner, zu seiner Familie, zum Nachbarn, zum Notleidenden. Ich zitiere ein Wort von Jesus aus dem Evangelium: *Was Ihr dem Geringsten meiner Bruder getan habt, das habt Ihr Gott getan.* Die Liebe zu Gott offenbart sich in der Liebe zu Gottes Schöpfung und seinen Geschöpfen, zu den Menschen,

Tieren und Pflanzen, zur Natur und zum ganzen Kosmos. Durch Leib und Seele sind wir mit dem Kosmos verbunden. Wir sind gebaut aus Sternenstaub, wir sind erleuchtet von Gottes Licht.

Ein Sufi kann Gott nicht beweisen, auch wenn er noch so fromm ist. Aber er kann Gott sehen, wenn er nur die Augen nach innen kehrt, er kann Gott hören, er kann Gott riechen, schmecken, und fühlen. Er kann Gott suchen und finden – in jeder Mücke und in jedem Elefanten. Alles, was Gott geschaffen hat, wird ihm zum Zeichen. Und darum kann er Gottes überall gedenken, in der Warteschlange im Supermarkt, im Bus oder im Flugzeug, beim Warten auf den verspäteten Zug.

Sufis, gleich welchen Ordens, welcher Schule oder welchen Scheichs, sind zueinander wie Geschwister. Sie erkennen sich gegenseitig, sie fühlen sich zueinander hingezogen, auch wenn sie ihren eigenen Weg gehen. Sie sind begierig, von einander zu lernen. Erst jetzt hat mich Musa Heise, ein junger Sufi aus dem Nakhschbandi-Orden, aufgesucht und mich über Stunden nach meinen mystischen Wurzeln und Zugängen befragt. Ich war von seiner Neugier so gerührt, dass ich ihm spontan mein Herz geöffnet habe.

Alle sufischen Lieder, Gedichte und Geschichten sind Liebeserklärungen an Gott. Die Sufis, die Männer wie die Frauen unter ihnen, waren geniale Liebende. Ich denke nur an Rabia, an Rumi und seinen Lehrer Schams, an Iqbal, ich denke an die großen Raga-Musiker aus meinem Heimatland. Ihre Tonleitern sind für mich wahre Himmelsleiter.

Für den Sufi ist Gott kein Vater- und kein Muttergott, sondern schon eher eine junge schöne Frau. Gott, so erzählt eine nicht ganz orthodoxe Legende aus Kaschmir, war einmal ein schönes Mädchen. Dieses Mädchen hat sich einen idealen Mann als Partner erträumt. Um sich diesen Traum zu erfüllen, hat Gott die Propheten erschaffen, zuerst Adam, dann Noah, Moses, Abraham, Jesus und Mohammed. Sie alle sind Gottes Lieblinge und Liebespartner. Aber sie waren keine überirdischen oder außerirdischen Gestalten, sondern

Menschen aus Fleisch und Blut, Menschen wie wir, keine Engel. Nur weil sie Menschen waren, können wir Menschen verstehen, was Gott ihnen anvertraut und offenbart hat.

Gott hat sich in den Menschen verliebt, noch bevor er den Menschen geschaffen hat. Er hat den Menschen nach seinem Idealbild geschaffen, nicht als Gottes Sklave oder unterwürfigen Diener, sondern als ebenbürtigen Partner, der sich Ihm aus vollem Herzen ergibt, der sich ihm hingibt, wie es eine Liebende oder ein Liebender tut.

Gott, unser Bild von Gott, ist eine menschliche Vorstellung. Insofern ist Gott eine menschliche Erfindung, aber Gott hat uns zu dieser Erfindung inspiriert. Er hat uns das Streben eingepflanzt, nach Ihm, dem Schöpfer und Erhalter, zu suchen. *Suchet, so werdet ihr finden.* Gott ist zumindest für unsereins ohne den Menschen nicht vorstellbar. Ebenso wenig ist der Mensch ohne Gottesbezug vorstellbar. Zwischen Gott und Mensch herrscht eine sehr enge, symbiotische Beziehung.

Der Sufi sucht Gott unentwegt, er sucht Ihn in seinem Herzen. Das Herz ist seine Kaaba. Man kann einen Tempel, eine Kirche oder eine Moschee zerstören, aber man darf kein Herz zerstören. Ein Herz zu zerbrechen, das ist so schlimm wie ein Mord.

Der Sufi ist erfüllt von der Sehnsucht nach Gott. Er weint um Gott. Und wenn er weint, dann weiß man nicht, ob er vor Trauer oder vor Freude weint. Er spürt in sich den Stachel seiner Sehnsucht nach Gott. Dieser Schmerz ist wichtig. Auch ein Kind muss schreien, damit seine Mutter seinen Schrei hört und weiß, dass es gestillt sein will.

Wir kommen auf diese Welt mit einem Schrei, es ist ein Schrei, gemischt aus Freude und Schmerz, aus der Freude, endlich das Licht dieser neuen Welt zu erblicken, und aus dem Schmerz, die Geborgenheit Gottes im Mutterleib verlassen zu müssen. Freude und Schmerz – beides ist von Gott.

Abrahams runder Tisch

Die Imame, die das Islamische Zentrum an der Alster geleitet haben, sind von Anfang an auf die Andersgläubigen in unserer Stadt zugegangen und haben das Gespräch mit ihnen gesucht. Beheschti, der Imam der ersten Stunde, ist nicht in der Moschee geblieben, sondern ist zu den Christen gegangen, er hat manchmal vor drei oder vier Leuten Vorträge über den Islam gehalten und war bei jeder Kundgebung der rebellierenden Studenten dabei. Ein Jahrzehnt später, als im Iran der Schah gestürzt wurde, hat Imam Khatami, der spätere Präsident, Referenten aus allen politischen und religiösen Lagern in die Moschee eingeladen und mit ihnen durchaus kontrovers über die Wiedergeburt des Islam diskutiert.
Als ich an der Moschee mit dem Koranunterricht begann und erste Schritte unternahm, um die deutschsprachige islamische Gemeinde aufzubauen, gab es in Hamburg so wenig Muslime, dass ich schon, um geistig und geistlich nicht zu verkümmern, Kontakt zu Andersdenkenden und -gläubigen aufnehmen musste. Meinen ersten jüdischen Gesprächspartner habe ich in der Schlachterei Straszburg in Eppendorf kennengelernt. Ich habe lange nach einer Möglichkeit gesucht, um Halalfleisch kaufen zu können, und fand schließlich auf meinem Weg zur Moschee die Fleischerei. Im Schaufenster hing ein Schild, auf dem stand: „Wir verkaufen kein Schweinefleisch“. Dort wurde an jedem Freitagnachmittag koscheres Fleisch – die Leute sagten meistens „keusches Fleisch“ – für die wenigen Mitglieder der Jüdischen Gemeinde verkauft. Als ich mich im Geschäft unsicher umschaute, sprach mich Dr. Dessauer, ein Arzt und Mitglied im Vorstand der Jüdischen Gemeinde, an und machte mir klar, dass es zwischen „koscher“ und „halal“ keinen Unterschied gibt. Fortan habe ich dort regelmäßig mein Fleisch gekauft und bei dieser Gelegenheit auch andere Juden kennengelernt. Einer von ihnen ist Sammy Jossifoff,

damals Zahnarzt in Eppendorf. Ich musste erst einmal schlucken, als er mir erklärte, er sei Offizier in der Israelischen Armee gewesen und habe am Jom-Jippur-Krieg teilgenommen. Wir sind später, über die politischen Meinungsverschiedenheiten hinweg, gute Freunde geworden und haben nie ein Blatt vor den Mund genommen.

Den Dialog mit den Christen habe ich vor Ort gesucht. Ich bin in die benachbarte Eimsbüttler Christuskirche gegangen und habe dort mit den Pastoren Freundschaft geschlossen. Im Laufe der Jahre sind aus diesen Kontakten zwei feste Termine im Jahresablauf geworden, einmal die überkonfessionelle Andacht am Volkstrauertag im November und zum anderen die interreligiöse Feier zum Jahreswechsel am Sylvesterabend. Ich bin froh darüber, dass diese Tradition weiter fortgesetzt wird, auch wenn ich selber nicht mehr aktiv an der Vorbereitung teilnehmen kann. Ein Höhepunkt der Sylvesterfeier ist jedes Mal für die Meditation, die der Leiter des tibetisch-buddistischen Zentrums, Oliver Petersen, leitet. Dass die Christuskirche zu einem Zentrum der interreligiösen Begegnung geworden ist, verdanken wir nicht zuletzt Petra von Langsdorff. Sie sagt immer nur, sie wäre für die Küche und die Bewirtung der Gäste zuständig, aber da die Liebe bekanntlich durch den Magen geht, wissen wir, wie wichtig das leibliche Wohl für eine gedeihliche zwischenmenschliche Atmosphäre und für eine fruchtbare Dialogbeziehung ist. Gastfreundschaft ist eine abrahamitische Tugend.

Später habe ich mich bemüht, dem Dialog zwischen Juden, Christen und Muslimen festere Strukturen und feste Termin zu geben. Wenn ich mich richtig erinnere, verdanke ich Ursel Qureishi, der christlichen Frau meines pakistanischen Bruders Niaz, einen treffenden Namen für einen neuen Ansatz im Miteinander der Religionen: „Abrahams runder Tisch“. Das war zur Zeit der Reformbewegungen im Ostblock, als in Polen und dann überall „runde Tische“ gegründet wurden, um überholte Frontstellungen aufzubrechen und sich auf gleicher Augenhöhe einander anzunähern. Ursel und Niaz, seit Jahrzehnten miteinander verheiratet, obwohl ein Partner Christ und der andere Muslim ist, sind selber eine Keimzelle für den gelebten Dialog der Religionen. Einmal meinte Ursel zu mir: „Ja, aber wir streiten doch ständig miteinander!" „Macht nichts!", habe ich ihr spontan geantwortet, „Hauptsache, ihr vertragt euch am Abend vor dem Schlafengehen wieder!"

So habe ich es jedenfalls in meiner Ehe gehalten. Ich weiß, alle Religionsbeamten möchten Mischehen zwischen Angehörigen verschiedener Glaubensrichtungen am liebsten ganz verbieten, das gilt für Protestanten und Katholiken, aber auch für Sunniten und Schiiten, aber in diesem Punkt denke ich ganz anders als die meisten, die von Amtswegen mit solchen Fragen zu tun haben. Zweisprachige, bikulturelle, bireligiöse Mischehen sind mir kein Dorn im Auge, sondern Keimzellen für eine friedlichere Zukunft, auch wenn sich die Partner mehr streiten sollten als Paare der gleichen Herkunft.

Zusammen mit meinem Bruder Professor Djavad Falaturi, der später die Arbeit in Köln und am Schulbuchinstitut in Braunschweig fortgesetzt hat, haben wir auch von der Moschee aus versucht, den interreligiösen Dialog in feste Formen zu gießen. Während mein Kollege hauptsächlich die Protestanten im Blick hatte, habe ich versucht, auch andere christliche Konfessionen einzubeziehen. Am besten verstanden habe ich mich vielleicht mit Karam Khella, dem koptischen Christen aus Ägypten. Die Kopten haben über ein Jahrtausend Tür an Tür, Kirche an Moschee mit den Muslimen zusammen gelebt. Aus dieser Erfahrung schöpft Bruder Karam in außerordentlicher Weise. Dem katholischen Weihbischof Jaschke und Monsignore Sanders, einer der tragenden Säulen an der Katholischen Akademie, verdanke ich viele intellektuelle und spirituelle Anstöße. Ich habe mit ihnen auch über das Papsttum diskutiert und konnte ihnen vermitteln, dass in der schiitischen Tradition Petrus, der Begründer des Papsttums, genannt mit seinem griechisch-jüdischem Namen Simon Petros, als der erste Imam von Jesus gilt. Ein besonderes Band der Sympathie und der geistlichen Verbundenheit hat mich mit Erzpriester Ambrosius Backhaus verbunden, dem leider viel zu früh von uns gegangenen Pfarrverwalter der russisch-orthodoxen Kirche in Stellingen. Ich hatte ihn einmal in meine Koranstunde eingeladen, damit er uns das Wesen der Trinität erläutern sollte. Es war ganz und gar vergebliche Liebesmüh, und unser Gast war der Verzweiflung nahe.

Als alle theologischen Spitzfindigkeiten nichts mehr fruchteten, stellte er sich aufrecht vor uns hin. Er wies auf seinen Körper und sagte: „*Stellen Sie sich vor, Gott ist tatsächlich Mensch geworden. Dann wäre dies sein Oberkörper, das ist dann bis zur Gürtellinie Gottvater, und darunter ist der Unterkörper, das wäre Gottes Sohn, und darüber ist der Kopf, das ist der Heilige Geist!*“ Alle haben gelacht, zuletzt auch Bruder Backhaus. Und jeder hat begriffen: Hier geht es um ein Geheimnis des Glaubens, das der Glaubensfremde schwer verstehen kann. Solche Geheimnisse haben alle wahrhaft Gläubigen. Wir müssen sie nicht teilen, aber wir müssen sie respektieren. Jeder interreligiöse Dialog hat seine wunden Punkte, hat seine Tabubereiche. Es gut, wenn man diese empfindlichen Stellen kennt, damit man ihnen tunlichst aus dem Wege gehen kann.

Die menschlichen Triebe und die göttliche Liebe

Triebe, Triebkräfte, Energien gibt es in allen von Gott geschaffenen Körpern, in den Menschen, in den Tieren, in den Pflanzen, aber auch in den Steinen, in unseren Erde und in allen Himmelskörpern. In der griechischen Philosophie werden diese Triebe als „telos“ bezeichnet, als – wörtlich übersetzt – *vorgegebenes Ziel*. In der islamischen Philosophie, in der Theologie und in der Mystik gibt es – jedenfalls in meiner Schule – keine derartige Vorherbestimmung. Alle Wesen sind ihrem Wesen nach zumindest potentiell frei, sie können sich in Maßen frei entscheiden, und auf jeden Fall handelt und entscheidet Gott frei, nach seinem Willen, ohne von irgendeiner Instanz vorherbestimmt zu sein.
Alle geschaffenen Körper haben ihnen innewohnende Energien, je nach ihrer Beschaffenheit elementare, vegetative, animalische, menschliche, prophetische oder englische, das heißt engelgleiche Energien. Unsere eigenen Energien sind die Summe all dieser verschiedenen Energien. Wir haben also in unseren Trieben, in unserem menschlichen Triebleben, Anteil an den Triebkräften, die in anderen Wesen wirken, elementare, pflanzliche und tierische Triebkräfte.
Diese Triebe, vom Selbsterhaltungstrieb über den natürlichen Drang nach Schönheit und Vollkommenheit bis hin zum Sexualtrieb, sind von sich aus nichts Böses, nichts Sündhaftes, sie sind ein Teil von uns selbst, sie sind von sich aus weder gut noch böse. Es kommt darauf an, was wir daraus machen. Ob wir, zum Beispiel, unseren Sexualtrieb in den Dienst der Liebe stellen, der Liebe zu unserem geliebten Partner, zur Natur, zur Schönheit, zur Kunst oder auch zu Gott selbst, dem Ursprung aller Liebe. Oder ob wir in der Lage sind, unsere Geltungsdrang, unseren Machttrieb, unsere Begierden so in den Griff zu bekommen, das sie nicht uns selber und vor allem nicht anderen schaden. Die

Triebe sind ein unverzichtbarer Bestandteil unseres menschlichen Lebens. Ohne Triebe, ohne Triebkräfte dahin zu dämmern, das kann nicht unser Lebensziel sein. Wir müssen stattdessen unsere äußeren und inneren Energien entfalten, wir müssen sie bündeln und zu einem guten Zweck nutzen. Zum eigenen Lebensgenuss und zur Freude, zum Nutzen und zum Segen anderer Menschen, Tiere und Pflanzen. Gott hat uns unsere Triebe gegeben, nicht um uns zu versuchen, wie manche Mönche oder auch Salafisten meinen, sondern, damit wir unser Leben hier auf Erden voll ausleben und alle in uns angelegten Kräfte, Energien und Potentiale voll zur Entfaltung bringen.

Hinduisten und Buddhisten haben mich öfter gefragt, ob Gott selbst von denselben oder anders gearteten Triebkräften durchdrungen ist. Das ist nicht meine Auffassung. Gott ist in meinen Augen eine „supraontologische Realität", ohne Gestalt, ohne Farbe, ohne raumzeitliche Begrenzung.

Wir sind nicht Teil Gottes, wir sind seine Geschöpfe, seine geliebten Geschöpfe. Er ist in uns, er wohnt in unserem Herzen, aber wir sind nicht mit ihm eins. Das wäre in meinen Augen vermessen. Gott ist uns sehr nahe, näher als unsere Halsschlagader, aber er ist, pantheistisch gedacht, kein Teil von uns. Wir sind – auch wenn manche Mystiker das meinen – auch kein Teil von Ihm. Er hat 99, das heißt unendlich viele Namen, viele Eigenschaften. Viele davon klingen in unseren Ohren sehr menschlich und mehr noch sehr weiblich. Gott ist sicher weder Mann noch Frau, aber Er trägt in meinen Augen sehr viele weibliche und mütterliche Züge. Er zeugt nicht und wurde nicht gezeugt, er gebiert nicht und wurde nicht geboren, aber er liebt uns alle wie eine Mutter ihre Kinder liebt.

Unser Gott ist ein Gott der Liebe, nicht des Zorns und der Rache. Das ist er auch in der Thora nicht und nicht in der christlichen Bibel. Gott hat die Welt, den Kosmos und den Menschen aus Liebe geschaffen, um der Liebe Willen. Er sehnte sich nach einem Partner, der ihm antwortet, nicht der ihm sklavisch ergeben und gehorsam ist, sondern nach einem Geschöpf, das seinem Schöpfer und Erhalter aus freien Stücken, freiwillig und aus eigener Einsicht gegenübertritt. Gott wollte und will keine Untertanen, er will Menschen, die ihm mit Liebe begegnen. Alle Geschöpfe, die Blumen, die Bäume, die Tiere, die Flüsse und Berge sind aus Liebe gemacht. Gott hat an ihnen, an jedem einzelnen, an jedem Kolibri, an jeder Libelle, an jeder Tulpe und an jeder Rose, aber gewiss auch an jeder Brennnessel und jedem Dornenstrauch seine Lust und seine Freude. Das gilt in besonderer Weise für uns Menschen. Ich vermute, wir sind seine Lieblingsgeschöpfe. Er hat an uns die größte Mühe verwendet und hat lange Zeit gebraucht, um uns so weit zu bringen. Er hat noch große Dinge mit uns vor. Allen Untergangsvisionen zum Trotz: die Geschichte der Menschheit ist noch nicht vorbei, sie ist erst am Anfang. Irgendwann schaffen wir den Himmel auf Erden. Das Paradies ist nicht in endloser Ferne, es beginnt hier und heute, es beginnt mit uns und in uns, wir schaffen uns selbst das Paradies. Der Baustoff für diese Zukunftsvision ist die Liebe, die Gott in unseren Herzen eingepflanzt hat. Dieser Liebesstrom begann schon im Mutterleib zu fließen, und er begleitet uns bis zum letzten Atemzug und ganz gewiss darüber hinaus, solange bis wir zu Gott, unserem Ursprung, zurückgekehrt sind. Was vermag die Liebe aus uns zu machen! Schauen Sie sich einen liebenden, einen geliebten Menschen an! Er strahlt, er leuchtet über das ganze Gesicht, er glänzt vor lauter Glück. Reden Sie nicht von Glückshormonen, von Östrogenen oder Testosteron! Was Sie im Gesicht eines von der Liebe erfüllten und beseelten Menschen sehen, das ist der Widerschein des göttlichen Lichts. Man sieht es im Gesicht eines Neugeborenen, der das Lächeln seiner Mutter erwidert, im Gesicht der Frischverliebten, aber auch im Gesicht uralter Menschen, die plötzlich zu leuchten beginnen, wenn ihnen jemand unvermutet über das Haar streicht. *Die Liebe hört nimmer auf*, heißt es im Neuen Testament. Nicht einmal bei einem Demenzkranken. Vielleicht ist es an der Zeit, bei diesem im-

mer lauteren Jammern über das Elend der Demenz auch einmal daran zu denken, dass diese Menschen zuallererst unserer Liebe, unserer Zuwendung bedürfen. Und dass sie durchaus in der Lage sind, unsere Zeichen der Hinwendung zu erwidern, mit einem Blick, mit einem zaghaften Lächeln, mit einer bloßen Lippenbewegung.
Wir müssen nur lernen, diese Gesten zu verstehen, so wie wir die Gebärdensprache der Taubstummen erlernen.
Was mein Leben reich, glücklich und erfüllt gemacht hat war die Erfahrung der Liebe, die Liebe meiner Mutter, die Liebe meines Vaters, die Liebe meiner Frau, die Liebe meiner Tochter und meiner Enkelin, aber auch die Liebe meiner Schülerinnen und Schüler, die Liebe meiner Freunde und Verehrer. Und welche Kraft gibt uns die Liebe! Meine Eltern kamen beide aus Indien, aber ihre Heimatorte lagen mehr als zweitausend Kilometer entfernt, und trotzdem fühlten sie sich magisch angezogen und setzten Himmel und Erde in Bewegung, um einander zu finden und sich zu vereinen.

Mir ist es ähnlich ergangen. Als ich meine Frau zum ersten Mal sah, hatten all meine Kusinen, die ich eigentlich nach dem Willen meiner Eltern und Verwandten heiraten sollte, keine Chancen mehr. Ich wusste auf den ersten Blick: Die soll es sein, und keine andere! Und Gott hat es so gefügt. Es war ein langer Weg, aber am Ende sind wir am Ziel unserer Wünsche angelangt.
Unser Liebesroman begann mit einer langen Eisenbahnfahrt quer durch Pakistan. Ich war dazu ausersehen, die fremde Frau auf diesem Weg zu begleiten und vor allem möglichen Unheil zu beschützen. Es war kurz nach dem Krieg, die Zustände waren chaotisch, die Züge hoffnungslos überfüllt. Meine Frau war in leichter Sommerkleidung mit einem kurzen Rock gekommen, und obwohl ich damals wenig Ahnung von Frauen hatte, wusste ich: so kommt diese Dame niemals heil nach Rawalpindi! Also musste ich erst ein-

mal islamische, landesübliche Kleidung für sie besorgen und sie – und das war noch schwerer – davon überzeugen, dass es überlebensnotwendig für sie war, diese Kleidung anzuziehen.
Unterwegs gab es nichts zu essen und nichts zu trinken. Die Leute brachten ihre Verpflegung selber mit. Aber diese Speisen wollte ich meiner Schutzbefohlenen nicht zumuten, sie wäre am nächsten Tag sterbenskrank gewesen. Also ging ich, bevor der Zug abfuhr, zum Stationsvorsteher in die Küche und kochte Wasser ab. Ich kaufte Bananen und tauchte sie zum Desinfizieren in Salzlauge. Das musste reichen. Und tatsächlich kamen wir nach 16 Stunden Bahnfahrt bei schwülem Monsumwetter am Ziel an. Und wir beide wussten, auch wenn wir uns noch kein einziges Mal körperlich berührt hatten: wir sind von Gott für einander bestimmt. Seine Liebe hat uns zusammengeführt.
Es gibt nur eine Liebe, Eros und Agape, die göttliche und die menschliche Liebe sind nicht zu trennen. In jedem Verlangen, in jedem erotischen Verlangen, verbirgt sich die Sehnsucht nach Gott, dem Urquell aller Liebe.

Über die Sehnsucht

Für die Sensualisten des Westens ist der Mensch durch seine Sinneseindrücke geprägt, durch das, was er sieht, was er hört, was er riecht, was er schmeckt, was er fühlt. Für uns Muslime kommen zu diesen äußeren Sinnen die fünf inneren Sinne hinzu, der *Koordinationssinn*, die *Vorstellungskraft*, der *Gestaltungssinn*, die *Phantasie* und das *Gedächtnis*. Durch das Zusammenwirken von äußeren und inneren Sinnen entsteht unser Bewusstsein einschließlich des Unterbewusstseins. Unser äußeres und inneres oder unteres Bewusstsein wird von unserer Seele gesteuert. Wenn Sie am Steuer eines Autos sitzen, dann achten Sie auf den Verkehr, auf die Einhaltung der Verkehrsregeln, aber Sie lenken ihr Auto nicht bewusst. Das tut gleichsam Ihre Seele für sie. Sie verlassen sich unbewusst auf ihr inneres Rechtleitungsorgan.

Der Mensch wird von seiner Seele geleitet, ob er sich dessen bewusst ist oder nicht. In der islamischen Mystik benutzen wir die Mediation, um uns diese Seele bewusst zu machen. Das erreichen wir am ehesten, wenn wir die äußeren und inneren Sinneseinflüsse systematisch abschalten. Wenn wir unser Bewusstsein und unser Unterbewusstsein ausblenden, verhalten wir uns möglicherweise sehr irrational. Der Meditierende ist außer sich und kommt so seiner Seele ganz nah. Für ihre Umgebung waren die großen Mystiker meistens „Verrückte“ oder „Wahnsinnige“.

Nach islamischer Auffassung sind der Körper und die Seele nicht voneinander getrennt, sondern bilden eine leibseelische Einheit. Die Seele ist die Instanz, die unseren Körper und unsere Sinne steuert. Sie handelt nicht irrational, sondern durchaus vernünftig, vernunftgeleitet, so wie die ganze Schöpfung vom Vernunftgeist Gottes gelenkt wird.

Die ganze Schöpfung Gottes ist beseelt. Darum habe alle Geschöpfe eine Seele. Angefangen vom kleinsten Atom bis hin zum Makrokosmos. Diese Seele ist erfüllt von der Sehnsucht, zurückzukehren zum Ursprung und eins zu werden mit Gott, dem Schöpfer und Erhalter. Diese Sehnsucht findet ihren Ausdruck in vielerlei Gestalt, im Sphärenklang, im Heulen des Sturmes, im Gotteslob der Nachtigall, im Brüllen des Löwen, im Gesang der Wale, in der Musik von Mozart, im Sichentfalten der Lotosblume, im Duft der Rose, im Plätschern des Quellwassers, im Seufzer der Liebenden. Wir Menschen sind vermutlich in besonderer Weise von diesem Sehnen durchdrungen, von der Lust und vom Schmerz der Sehnsucht, von der Lust, dem Geliebten so nah wie möglich zu sein, und von der Trauer darüber, dass das Begehren nach Nähe und Vereinigung meistens unerfüllt bleibt. Alle Menschen sind voller Sehnsucht. Die Künste, Musik, Dichtung, Malerei, leben von dieser Sehnsucht. Meine eigene Gottessehnsucht findet in der indopakistanischen Raga-Musik ihren vollendetsten Ausdruck, auch weil diese Musik nie fest- und vorgeschrieben ist, sondern von ihren Interpreten immer variiert, improvisiert und neu erfunden wird. Aber ebenso fühle ich mich bis in mein Innerstes berührt von den Gedichten Goethes, Heines, Eichendorfs, Rückerts oder Rilkes. Das ist vollendete Poesie, durchtränkt von ebenso lust- wie schmerzvoller Sehnsucht nach der göttlichen Liebe.

Warum sehnen wir uns nach Gott? Weil er gut, weil gnädig ist? Ja, gewiss. Aber zuerst lieben wir Gott, weil er schön ist, weil er seine Schöpfung, weil er uns Menschen in Schönheit geschaffen hat.

Selbstverständlich dürfen wir uns kein Bild von Gott machen. Gott ist kein alter Mann mit Bart, eine Art Opa Mehdi, wie meine Enkeltochter sagen würde. Gott ist sicher auch keine Frau, keine *Miss World*. Aber je älter ich werde, desto mehr nimmt Gott in meiner Vorstellung weibliche Züge an. Die 99 Namen sind in ihrer Mehrzahl weibliche, mütterliche Attribute. Die männlichen Eigenschaften treten dagegen zurück. „Allah“ ist der Wurzel nach weiblich, und die ersten Namen, „rahman“ und „rahim“, sind Ableitungen von dem arabischen Wort für Gebärmutter. Die ersten künstlerischen Darstellungen des Göttlichen, die noch vor der Steinzeit entstanden sind, sind allesamt Muttergottheiten. Kein Wunder: unsere ersten Erfahrungen mit Gott machen wir schon im Mutterleib. Gott tritt uns zuerst als fürsorgliche, uns säugende, uns stillende Mutter entgegen, nicht als gestrenger Vater. Diese Urerfahrung steht auch im Zentrum der Lehre von Buddha.

Gott ist die Liebe. Wir werden von Gott geliebt, und wir sehnen uns danach, diese Liebe zu erwidern. Je näher wir Gott kommen, desto mehr sind wir von Liebe erfüllt. Diese Liebe kann plötzlich über uns kommen, im Gebet, in der Meditation, im Rausch, in der liebenden Umarmung, in einer spontanen Erleuchtung. Sie lässt sich nicht herbei beten, sie lässt sich nicht erzwingen, und sei es durch tausend Niederwerfungen, sie ist immer ein Geschenk, und es bleibt Gott überlassen, zu entscheiden, wem und wann er sie gewährt. Die Sehnsucht nach Gott hat zweifellos immer auch eine erotische Komponente, sie bleibt nie rein platonisch, sondern sie erfasst uns mit unserem ganzen Leib und unserer ganzen Seele und kann uns in einen Zustand orgiastischer Verzückung versetzen.

Gott hat die Schöpfung, Gott hat uns Menschen als Spiegel erschaffen, als Spiegel seiner selbst, als Spiegelbild seiner Barmherzigkeit. Im Westen gilt der Spiegel eher als Symbol der Eitelkeit und der Selbstbespiegelung, im Islam verweist der Spiegel immer auch auf Gott zurück: Gott ist das einzig Wahre, wir sind nur Spiegel dieser Wahrheit. In meiner Heimat gibt es einen wunderschönen Hochzeitsbrauch. Nach der Trauungszeremonie treten die Eheleute gemeinsam vor den Spiegel und erkennen sich darin zum ersten Mal als Mann und Frau. Dann nehmen sie einen Koran entgegen, sprechen gemeinsam die Eröffnungssure und schlagen, als würden ihre Hände von Gott gelenkt, das Heilige Buch auf. Auf der aufgeschlagenen Seite finden sie dann die Verse, die sie auf ihrem gemeinsamen Weg durchs Leben begleiten sollen. Glücklich ist das Paar, das auf diesem Wege Verse findet, in denen von den Freuden des Paradieses gesprochen wird.

Über das Alter

Ich gebe zu, auf meine alten Tage bin ich ziemlich klapprig geworden. Seit dem Tod meiner Frau bin ich noch wackliger geworden. Ohne die Hilfe meiner Tochter kann ich mich nicht mehr auf die Straße wagen oder in ein Auto steigen. Ich bin Schritt um Schritt auf fremde Hilfe angewiesen. Das ist für einen großgewachsenen und aufrechten Mann, wie ich es einmal war, nicht leicht zu akzeptieren. Dazu kommen die Gebrechen des Alters, Gicht, Rheuma, meine diversen Bypässe. Ich bin ständig auf Medikamente angewiesen, auf homöopathische Mittel, die mein ärztlicher Bruder Mustafa Yoldas verschreibt. Aber mir ist es auch schon schlechter gegangen, vor drei oder vier Jahren. Das Leben im Alter ist ein ständiges Auf und Ab, aber es ist beileibe kein unaufhaltsamer Abstieg.

Trotz aller Schmerzen und Schwächen: das Leben im Alter ist ein Segen. Man erntet die Früchte von den Blumen und Bäumen, die man in früheren Zeiten gepflanzt hat. Man sieht, dass die Saat, die man gesät hat, aufgegangen ist. So freue ich mich über die Akademie der Weltreligionen, die jetzt ihren Lehr- und Forschungsbetrieb aufgenommen hat – fast punktgenau an dem Ort und der Stelle, an der ich vor einem halben Jahrhundert die ersten Freitagsgebete an der Hamburger Universität geleitet habe. Inzwischen haben wir mit Katajun Amirpur sogar eine Professorin für islamische Theologie. Die Universität wird damit zu einem Lernort, mehr noch zu einem Denkraum für neue Impulse im interreligiösen Diskurs. Unsere Freie und Hansestadt Hamburg, in der der interreligöse Dialog wenn nicht erfunden, so doch neu begründet wurde, bietet dafür die besten Voraussetzungen. So wahr uns Gott helfe! Ich freue mich ebenso, dass in diesen Tagen der Staatsvertrag des Hamburger Senats mit den Muslimverbänden unterzeichnet worden ist. Davon haben wir vor fünfzig Jahren nicht einmal zu träumen gewagt.

Damals konnte man die Zahl der Muslime in Hamburg an den Fingern abzählen, und heute sind wir an die 130.000.
Alhamduillah!
Ich bin kein Einzelfall. Immer mehr Menschen erreichen ein hohes Alter. Alle reden jetzt von der Überalterung der Gesellschaft. Ich sehe darin keine Katastrophe. Im Gegenteil: eine ältere Gesellschaft ist vielleicht eine menschlichere, eine langsamere, eine geruhsamere Gesellschaft, ohne Hektik, ohne Hetze, mit weniger Profitgier, Geltungsdrang und Angeberei. Ich betrachte das Alter als ein Gottesgeschenk an die Menschheit. Früher war es ein Privileg für einzelne Auserwählte, ein „biblisches Alter" zu erreichen. Nicht einmal unserem Propheten war das vergönnt, und Jesus noch viel weniger. Früher kannten die Menschen nur drei Jahreszeiten, den Frühling, den Sommer und den Winter. Heute ist eine neue Lebenszeit dazu gekommen: der Herbst, der goldene Herbst. Es ist die Zeit der Ernte. Man fährt ein, was man zuvor gepflanzt hat. Man freut sich an seiner Familie, an den Kindern, die groß geworden sind und wieder Kinder haben, man freut sich an den Freunden, die einem geblieben, die einem treu geblieben sind, man freut sich an den Schülern, die längs ihre eigenen Wege gegangen sind. Man zieht Bilanz, lacht über die Fehler, die man unweigerlich gemacht hat, und man schwelgt in Erinnerungen. Es ist schön, sich zu erinnern. Die Erinnerung taucht alle kleineren und mittleren Katastrophen in ein milderes Licht, als wollte sie Gottes Barmherzigkeit im Gericht vorwegnehmen.
Zumindest in Westeuropa sind in den letzten fünf Jahrzehnten zwanzig Lebensjahre dazu gekommen. Zwanzig Jahr länger auf Erden leben: das ist eine enormer Gewinn, ein Zugewinn an Lebensqualität. Die Ewigkeit kann ruhig noch ein wenig warten. Wir kommen noch früh genug in den Himmel – oder in die Hölle, falls wir sie verdient haben sollten. Zwanzig Jahre mehr auf Erden, das erhöht sogar unsere Chancen, in den Himmel zu kommen. Wir haben mehr Gelegenheit

zu guten Taten, wir haben die Möglichkeit, die Fehler unserer wilden Jahre wieder gut zu machen.

Alle reden heute von der Demenz, viele haben Angst davor. Ich will diese Ängste nicht verniedlichen und will hoffen, dass er der Medizin eines Tages gelingt, das Problem in den Griff zu kriegen. Aber wir müssen uns fragen: Was lässt diese Menschen verstummen? Warum versagen ihnen die Worte? Warum setzt ihr Verstand aus? Was macht diese Menschen so wehrlos? Ist es vielleicht ein notwendiges Durchgangsstadium, das der Mensch irgendwann taub und stumm wird und für bestimmte Botschaften nicht mehr empfänglich ist? Ich habe früher sehr den Literaturprofessor Walter Jens geschätzt wegen seiner Gelehrsamkeit und seiner Beredsamkeit, ich habe bei ihm in meiner Zeit an der Hamburger Universität sogar Vorträge gehört. Er wusste auf alles und jedes eine Antwort. Und jetzt schweigt dieser Mann. Er weiß nichts mehr zu sagen.
Vor dem Angesicht der Ewigkeit, vor dem Angesicht Gottes ist dieser hochgelehrte, hochverehrte Professor der Rhetorik verstummt. Aber er hört deswegen nicht auf, ein Mensch zu sein. Er hält einfach den Mund.
Die Zeit des Alters, das ist die Zeit der Vorfreude. Ich empfinde keine Todessehnsucht, aber ich freue mich darauf, eines nicht mehr so fernen Tages durch ein Tor hindurch zu schreiten, das mir den Blick in eine ganz neue und andere Welt eröffnet. Manchmal packt mich Reisefieber, ich habe Heimweh, zurückzukehren in das Land, aus dem ich auf diese Welt gekommen bin.

Unsere Lebensreise

Wir kommen von Gott und kehren zu Gott zurück, wenn wir uns nicht anders entschieden haben. Wir kommen mit einem Schrei auf diese Welt, ein Schmerzensschrei, weil wir die Geborgenheit des Mutterleibs verloren haben, und ein Jubelschrei, weil wir das Licht dieser Welt erblicken und weil wir in ein neues Leben treten. Ob wir zum ersten Mal, ob wir nur einmal geboren werden oder ob wir einmal oder viele Male wiedergeboren werden: ich weiß es nicht. Ich will den Glauben an die Wiedergeburt nicht ausschließen. Es ist möglich. Manchmal kommt es mir selber so vor, als wäre ich früher schon einmal auf dieser Erde gewesen, als Sänger an einem Fürstenhof der Moghulzeit in Indien oder als Koranlehrer in einer Madresseh in Samarkand. Bei anderen denke ich, sie waren in ihrem früheren Leben bestimmt ein ganz anderer Mensch. Wenn ich Schwester Rashida die Stufen zur Moschee hinauf steigen sehe, dann kommt in mir die Vermutung auf, sie hätte früher dem Empfangssalon am Hofe Kaiser Akhbars des Großen vorgestanden. Und bei dem einen oder anderen unserer Brüder habe ich manchmal den Verdacht, sie hätten in früheren Epochen Sklaven kommandiert. Aber vielleicht ist das alles doch nur eine Frage der Gene und des kulturellen Erbes. Was mich an der Vorstellung von der Wiedergeburt stört, ist der mögliche Gedanke, dass dieses Leben hier auf der Erde gar nicht so wichtig ist und nicht einmalig, sondern sich mehrfach oder vielfach wiederholt. Das hat zum Beispiel zur Folge, dass man sich mit dem Kastensystem abfindet, weil ja die Aussicht besteht, dass der Betreffende in einem früheren oder späteren Leben statt in eine niedrige in eine höhere Kasten hineingeboren wird. Näher liegt mit der Gedanke Rumis: Früher war ich ein Stein, dann eine Pflanze und schließlich ein Löwe, ehe ich Mensch wurde. Unsere Seelen und im übertragenen Sinn auch unsere materielle Substanz, unsere Körper, haben seit Erschaffung der

Welt eine sehr lange Geschichte hinter sich, und sie werden weiter wandern, durch alle sieben Himmel hindurch.
Wir kommen von Gott hinein in diese Welt. Zwangsläufig entfernen wir uns im Laufe unseres Lebensweges zunächst immer weiter von Gott. Wir haben sogar die Freiheit, uns von Gott loszusagen. Wenn wir weiter voranschreiten, vollziehen wir irgendwann, in den Wechseljahren, in der *midlife crisis*, eine Wende und kehren Schritt für Schritt zu Gott zurück. Wir haben die Freiheit, uns für oder gegen Gott zu entscheiden, und Gott akzeptiert unsere freie Entscheidung.
Das heißt: ich glaube nicht, dass unser Lebensweg vorherbestimmt ist. Wir haben unser Leben selbst in der Hand. Gott überlässt uns die Wahl zwischen Gut und Böse. Aber er lässt die Seinen nicht im Stich, er lässt sie nicht in die Irre gehen. Aber Gott erspart seinen Dienern nichts. Im Gegenteil: das Leben unserer Propheten, von Moses über Abraham, Noah, Hiob, Jesus bis Mohammed zeigt, mit welchen Widerständen die engsten Gottesfreunde auf Erden zu kämpfen hatten und haben. Wie viele Märtyrer sind für ihren Glauben gestorben, Juden, Christen und Muslime, Hindus und Buddhisten! Ja sogar Kommunisten und Atheisten! Ich habe bekennende Atheisten kennengelernt, deren Lebenswandel in meinen Augen gottwohlgefälliger war als das Tun und Lassen der meisten Frommen. Gott urteilt nach den Taten, nicht nach den Lippenbekenntnissen der Menschen.

Unsere Wege sind nicht vorbestimmt. Und doch sind wir von Gott rechtgeleitet. Es war gewiss Gottes Wille, dass ich nicht in Indien und nicht in Pakistan geblieben bin, sondern ausgerechnet nach Deutschland gekommen bin, um hier die gelehrte Tradition meiner Familie fortzusetzen und die Ideen meiner mutazalitischen Schule im Westen zu verbreiten. Ich arbeite mit meinen bescheidenen Mitteln und Möglichkeiten an der Reform des Islam, und offensichtlich ist eine solche Arbeit an der Peripherie viel leichter zu bewerkstelli-

gen als in den Kernländern des Islam, die immer noch in Rückständigkeit und Rechthaberei erstarren.
Gott liebt uns Menschen, alle ausnahmslos, einen jeden für uns. Er hat uns für das Paradies vorgesehen. Er will nicht unser Verderben. Wenn etwas gänzlich schief geht, dann sind wir Menschen selber schuld, selten der einzelne, öfter ist die ganze ungerechte Gesellschaft schuld.
Komm ich ins Paradies? hat mich neulich Schwester Fatima Grimm gefragt, als ich sie im Krankenhaus besucht habe.
Warum fragen Sie mich? hab ich sie gefragt. Bin ich Türsteher an der Paradiesespforte?
Ja, aber ich war doch so ein schlimmer Finger! Ich hab die Männer um den Finger gewickelt! Da hab ich laut gelacht.
Wie oft waren sie in Mekka? Ja, sieben Mal. Wenn Sie reinen Herzens nach Mekka gepilgert sind, dann hat Gott Ihnen jedes Mal all Ihre Sünden verziehen!
Wirklich alles? wollte sie wissen. Alles nicht, hab ich geantwortet. Wenn Sie ganz ohne Sünde in den Himmel einziehen und keine Absolution mehr brauchen, was soll Gott dann tun mit all seiner Barmherzigkeit? Dann machen sie ihn ja arbeitslos, und Er weiß am Ende gar nicht, wohin mit all seiner Güte und Gnade! Also geben Sie Ihm eine letzte Chance! Wie frustrierend muss das für Gott sein, wenn lauter Heilige zu ihm kämen, an denen Er nichts zu mäkeln und zu verzeihen hätte!

Was bleibt?

Für die meisten Menschen erlischt die Möglichkeit, Gutes zu tun und zu wirken, mit ihrem irdischen Tod. Es gibt drei Ausnahmen. Die erste: sie haben das, was sie im Leben erworben, erfahren und gelernt haben, so an ihre Kinder weitergegeben, dass sie damit etwas Gutes anfangen können. Das gilt nicht für Kinder im biologischen Sinne, sondern auch für all diejenigen, die im pädagogischen Bereich tätig waren und so ihr Wissen an die nachfolgende Generation weitervermittelt haben. Die zweite Ausnahme: Jemand baut einen Brunnen, aus dem die Menschen noch viele Jahre Wasser schöpfen können. Oder er errichtet eine Brücke, die über Generationen Bestand hat. Oder er gründet eine wohltätige Stiftung, die über den Tod hinaus wohltätigen Zwecken dient. Und die dritte Ausnahme: es hat jemand literarische, künstlerische oder wissenschaftliche Werke hinterlassen, die auch nach vielen, vielleicht nach Hunderten von Jahren den Menschen Trost, Freude und Erkenntnis vermitteln können. *Wer schreibt, der bleibt!* heißt es im Deutschen. Leider habe ich bisher nur zwei Bücher veröffentlicht, aber vielleicht holen meine Schüler ja irgendwann dieses Versäumnis nach! Manche Muslime meinen, es sei schon ein gutes Werk, wenn sie ihren Kindern möglichst viel Geld oder Besitz vererben. Aber mit dem Geld ist das eine zweischneidige Sache. Geld kann demjenigen, der es erbt, sowohl Segen als auch Fluch bedeuten. Es ist ja keineswegs ausgemacht, dass derjenige, der einen Batzen Geld ererbt, allein dadurch ein besserer Mensch wird. Oft ist das Gegenteil der Fall.

Leider hat sich auch bei vielen Muslimen der Aberglauben durchgesetzt, dass Geld allein, Besitz oder materielle Güter die einzigen Werte darstellen. Ungleich mehr Wert – „Mehrwert“ meinetwegen auch im marxistischen Sinn – hat geistiger Reichtum. Was ist eine Aktie wert im Vergleich zu einem Lied, einem

Gedicht, einem Bild, das auch nach hundert Jahren noch zählt!
Die Deutschen haben ein schönes Wort: „Herzensbildung“. Ich meine, darauf kommt es zu allererst an, im Leben eines Menschen, im Leben eines Sufis zumal. Man spricht auch von emotionaler, von spiritueller Intelligenz, und sie zählt in meinen Augen mindestens so hoch wie die intellektuelle Intelligenz. Es gibt ja auch die „Intelligenzbestien“, die mit ihrer kaltblütigen Intellektualität alle menschliche Wärme und Nähe erfrieren lassen. Es gibt sogar besserwisserische oder allwissende Theologen, die mit ihrer Gottesgelehrsamkeit jedem Frommen einen Schauder einjagen. Wer von Gott redet, wer über Gott lehrt, der braucht zu allererst: Demut und Bescheidenheit. Der muss wissen, dass sein eigenes Wissen begrenzt ist. Gott kann man sowieso nicht wissen, man kann ihn nur erleben und erfahren. Und dazu braucht es Liebe.
In meinem Leben ist mir so mancher Sufi-Scheich begegnet, sowohl im Orient wie auch im Westen. Manche haben mich beeindruckt, manche haben mich enttäuscht. Ich habe immer wieder Menschen kennengelernt, die ihrem Scheich treu ergeben sind. Manche folgen den Lehren und Regeln ihres Meisters und wenden sie schöpferisch auf ihre eigene Lebenspraxis an, andere sind ihrem Scheich geradezu sklavisch ergeben und äffen ihm regelrecht nach, bis hinein in ihre Kleidung. Aber wenn mir hier und heute ein junger Mann mit Turban und wallendem Gewand gegenübertritt, dann halte ich das eher für eine Art von Karnevalsvermummung. Der Mann möchte offenbar vor allem eine Rolle spielen und sich interessant machen. Es gibt andere, bessere Möglichkeiten, sich hervorzutun, als durch seine Verkleidung. Das gilt für Männer ebenso wie für Frauen. Eine Burka mitten in Hamburg? Ich weiß nicht, ob Gott das wirklich wohl gefällt.

Wir Muslime wollen uns hier nicht verstecken, wir wollen unser Gesicht zeigen. Aber wir wollen nicht unangenehm auffallen. Wir sollten nicht zuerst an unserer Kleidung oder Verkleidung, an unseren Kopftüchern, Turbanen und Bärten erkennbar sein, sondern an unseren inneren Werten, an dem, was wir verkörpern und vergeistigen. An unserer Freundlichkeit und an unserer Hilfsbereitschaft. Beim Islam muss man unterscheiden zwischen der äußeren Form und dem inneren Gehalt. Ohne die wesentliche Seite, die inwendige Seite, wäre der Islam nichts als ein leeres Skelett. Unsere Kritiker haben meistens nur die äußere Seite unserer Religion im Blick, ihnen bleibt der Wesenskern fremd. Aber es gibt auch genug Muslime, die im Islam nur eine Anhäufung von Ritualen, Pflichten und Vorschriften sehen , als wäre das Verbot von Alkohol und Schweinefleisch, die Ablehnung von Weihnachtsgeschenken und das Tragen von Kopftüchern und langen Röcken die wichtigsten Erkennungsmerkmale für gläubige Männer und Frauen. Ich war zu Gast bei Muslimen, die mit größter Genauigkeit die Einhaltung aller *halal*-Vorschriften beachten. Sie verwenden keine Gelatine und kein Puddingpulver in der Sorge, es könnten darin Substanzen vom Schwein verwendet sein, aber dann sehe ich im Hintergrund den Fernseher laufen. Dort werden die saudümmsten Schweinereien vorgeführt, und niemand kommt auf die Idee, auch so etwas könnte *haram* sein. Äußere ich vorsichtig meine Bedenken, bekomme ich vielleicht zur Antwort: „Wieso? Das Programm kommt aus der Türkei!“

Wie lange dauert die Ewigkeit?

„*O Ewigkeit, o Donnerwort!*“ So beginnt ein bekanntes evangelisches Kirchenlied. Im Deutschen hat das Wort „Ewigkeit“ einen sehr absoluten, unerbittlichen Klang. Das Wort „Ehe“ ist damit verwandt. Der Name „Ewald“, der Hüter des Ewigen, bedeutete ursprünglich Priester oder Schamane. In unseren Sprachen, Arabisch, Persisch, Urdu oder Türkisch, haben die Bezeichnungen für das, was die Deutschen „ewig“ nennen, nicht so ein Schwergewicht. Den Gegensatz zwischen „zeitlich“ und „ewig“ kennen wir in dieser Schärfe nicht. Alles hat seine Zeit, die Jetztzeit und die zukünftige Zeit.

Aber Gottes Zeiten sind nicht unsere Zeiten. Gott misst mit anderen Maßen. Das müssen wir bedenken, wenn wir von der Ewigkeit sprechen.

Im strengen Sinne ist nur Gott ewig und unveränderlich. Gott ist eine supraontologische Realität. Alle anderen Realitäten sind ontologisch, das heißt: sie sind nicht unendlich, sie sind veränderlich und auch vergänglich, und sei es auf unabsehbare Zeit. Gott hat nicht nur diese Welt geschaffen, diese Zeit und diesen Raum, wie es vielleicht in der Thora steht, sondern er hat, folgen wir der koranischen Offenbarung, sehr viele Welten geschaffen, viele Universen, viele Himmel, viele Erden, viele Räume, viele verschiedenen Zeiten, Sterne, die längst erloschen sind, und Sterne, die erst noch geboren werden müssen.

Insofern kann es kein „ewiges Leben“ geben und schon gar nicht eine „ewige Ruhe“. Was für ein törichter Wunsch: Ruhe sanft! Das hört sich an wie: Gute Nacht! Schlaf gut! Nein, so haben wir uns das Leben nach unserem irdischen Tod nicht vorzustellen. Das Leben geht munter weiter, auf einer anderen Stufe, auf einer anderen Ebene des Bewusstseins. Es kann keine ewige Verdammnis geben. Das lässt Gottes Barmherzigkeit nicht zu. Die Hölle ist eine Art Sanatorium, aus der man eines fernen Tages als geheilt entlassen werden kann. Spätestens dann, wenn alle Schuld abgegolten ist und Gottes Barmherzigkeit über seine Gerechtigkeit gesiegt hat. Auch im Himmel gibt es nicht einfach „ewige Seligkeit“. Der Himmel ist eine Baustelle, ein Prozess. Die Mystiker sprechen von sieben Himmeln, von sieben Stufen der himmlischen Vollendung. Ausgangspunkt für diesen Aufstieg in den Himmel ist immer unser Aufenthalt auf Erden. Hier erklimmen wir die erste Stufe. Insofern ist es auch richtig, vom „Himmel auf Erden“ zu sprechen. Im Moment unseres höchsten Glücks erleben einen Vorgeschmack auf die Glückseligkeit, die uns im Himmel erwartet, wenn wir bereit sind, uns ganz und gar in den Willen Gottes zu ergeben. Bei der Betrachtung einer Blume, beim Rauschen des Meeres, beim Hören der Raga-Musik, im Traum oder in der liebenden Umarmung. Dann ist der Himmel nicht jenseitig fern, er ist nah und gegenwärtig. Er wohnt in unserem Herzen. Er erfasst uns mit Leib und Seele.

Ich stelle mir den Himmel, wenn ich ihn denn erreiche, nicht als ein Schloss mit einem prachtvollen Thronsaal vor. Ich habe bescheidenere Ansprüche und Erwartungen. Eine Wohnung müsste es schon sein, Platz für mich, für meine Frau, für unsere Tochter mit ihrer Tochter. Einen Garten hätte ich gern, mit Sonne, aber auch mit Schatten, hin und wieder sollte es auch regnen. Ich liebe den Regen, das Hamburger Schmuddelwetter genauso wie die Regengüsse des Monsuns in meiner Heimat.

Noch wichtiger wäre mir meine Bibliothek. Ich kann sie ja leider nicht einfach mit nach oben nehmen, darum möchte ich sie lieber der Akademie der Weltreligionen überlassen, in der Hoffnung, dort sind meine Bücher in guten Händen und werden eifrig genutzt. Aber da in der Himmelsbücherei eine Urschrift von jedem guten Buch gespeichert sein soll, hoffe ich auf die Möglichkeit, dort ungestört weiter lesen, lernen und lehren zu können. Vielleicht möchte ich an jedem Donnerstagabend wie gewohnt meine Schülerinnen und Schüler um mich scharen und mich gelegentlich mit Schwester Halima Krausen streiten, meiner streitbaren Nachfolgerin im Amt des Imams unserer deutschsprachigen Muslimgemeinde in der Blauen Moschee. Am liebsten natürlich über die Gestalt der Huris im Paradies. Es gibt auch Leute, die ich im Himmel nicht wieder sehen möchte. Jedenfalls nicht, solange sie sich nicht gründlich von ihren Schandtaten gereinigt haben. Aber jemanden wie meinen Lieblingsdichter Mohammed Iqbal möchte ich in den heiligen Hallen unbedingt wieder treffen und ihm beim Vortrag seiner Gedichte lauschen. Ich schätze besonders eines seiner letzten Gedichte. Darin erzählt er, er habe geträumt, er sei tot und liege aufgebahrt vor dem Eingang zum Friedhof. Um ihn herum stünden einige der schönsten Frauen Pakistans – ich behaupte, die Pakistanerinnen sind die schönsten Frauen der Welt – und weinten bitterlich. Neben ihnen knieten die weisesten Männer Indiens und schluchzten voller Trauer und Ergriffenheit. Was gibt es Schöneres, schließt Iqbal selbstironisch sein Gedicht, als von den weisesten Männern und den schönsten Frauen seines Landes beweint zu werden! Was gibt es Schöneres als im Kreise seiner Liebsten selig dahinzusterben!

Bruder Tod

Ich bin meinem Gott dankbar, dass er mich auf diese Erde geschickt hat, dass er mir hier ein reiches und im Ganzen erfülltes und glückliches Leben geschenkt hat und dass er am Ende meiner Erdenzeit mich wieder dorthin zurücknimmt, woher ich gekommen bin. Voller Dankbarkeit werde ich dann meine materielle Hülle, in die ich auf dieser Erde eingebunden war, an das Erdreich zurückgeben. Diese irdische Hülle wird uns Menschen mit zunehmendem Alter eine immer schwerere Bürde, so dass wir am Ende froh sind, wenn wir sie endlich loswerden. Das ist ein natürlicher Vorgang. Zum Leben auf dieser Erde gehört der Tod. Ohne den Tod gäbe es kein Leben. Wir sind vom Tage unserer Geburt an Todeskandidaten. Mitten im Leben sind wir von dem Tod umgeben.

Diese Binsenweisheit wird von der westlichen Gesellschaft, in der wir leben, mit allen Mitteln der Manipulation und der Lüge verdrängt. Die Zeitungen und die Fernsehprogramme sind derzeit voll mit Geschichten von lustigen, tanzenden, schwimmenden, singenden und turnenden, angeblich jung gebliebenen Alten. Das ist gut so. Ich gönne jedem alten Mann, jeder alten Frau ihren Spaß, gleich ob im Fitnessstudio oder beim Marathonlauf. Sport ist gesund, in jedem Alter, ganz ohne Frage. Und es gefällt Gott sicherlich, wenn wir alles Menschenmögliche tun, um unseren Körper fit zu erhalten. Alle, die sich lieben, sollen sich liebhaben, mit allen Sinnen, mit aller Lust, bis zum letzten Tag auf Erden. Die Liebe hört nimmer auf, auf Erden nicht und ganz gewiss nicht im Himmel. Liebe ist das beste Lebenselixier, sinnlich und übersinnlich.

Aber all diese Fitness-, Wellness- und Anti-Aging-Programme für Seniorinnen und Senioren werden zur letzten Lüge, wenn sie nur den einen Zweck haben, den Gedanken an den Tod aus dem Bewusstsein der Menschen zu vertreiben. Leben im Alter ist ein Leben im Angesicht des Todes. Man sollte sich mit dem Tod vertraut machen, man sollte ihn beizeiten willkommen heißen, damit man ihn, wenn er dann zur Tür herein kommt, wie einen Bruder und nicht wie einen ungebetenen Fremden begrüßen kann. Das hat nicht mit Lebensmüdigkeit zu tun, sondern mit Gelassenheit, einer Haltung, mit der man dem Tod am besten begegnen kann. Große Trauerrituale sind nicht die Sache der Muslime. Unsere Trauerfeiern sind eher schlicht, ohne viel Aufwand und Blumenschmuck. Und sie sollten so rasch wie möglich nach dem Tod erfolgen.

Wichtig ist die Totenwaschung. Sie folgt den Regeln bei der Gebetswaschung, nur wird sie nicht mehr von dem Menschen selber, sondern von seinen engsten Vertrauten vorgenommen.

Meistens werden Männer von Männern gewaschen, Frauen von Frauen, aber es ist vielerorts auch guter Brauch, dass die Frauen ihre Männer und umgekehrt die Männer ihre Frauen waschen, damit sie rein vor Gott treten können. Tote Muslime werden nicht in kostbare Kleider gehüllt, sondern in schlichte Gewänder. Und wer das Glück hatte, als Hadschi nach Mekka und Medina gereist zu sein, der sollte unbedingt seinen Ihram tragen, in dem er zu den heiligen Stätten gepilgert ist.

Wir sind nicht Herr über unser eigenes Leben und unseren eigenen Tod. Gott bestimmt den Zeitpunkt und die Umstände unserer Geburt und unseres Todes. Nicht wir selber. Selbstmord gilt im Koran als schwere Sünde, als Verbrechen gegen das Leben, ähnlich wie der Mord an einem anderen Menschen. Das Leben eines jeden Menschen, auch das eigene Leben, ist heilig. Trotzdem habe ich mehrere Male am Sarg eines Selbstmörders das Totengebet gesprochen. Ich habe Gott um Gnade für ihn gebeten, um Verzeihung für seine Todsünde. Wir wissen nicht die Umstände, die Menschen in den Tod treiben. An diesen Umständen ist nicht allein der Selbstmörder schuld, sondern mindestens ebenso sehr die Menschen um ihn herum, die ihn nicht daran gehindert haben, Selbstmord zu begehen, die ihn wohl möglich selbst in den Tod getrieben haben. Eine Selbsttötung kann auch die Folge einer tiefen Depression, einer schweren psychischen Erkrankung sein, und in diesem Fall haben wir gar kein Recht, den Betreffenden moralisch zu verurteilen. Wir sollten ihm in diesem Fall getrost der Gnade und dem Gericht Gottes überlassen. Wir gehen schließlich alle als Sünder von dieser Welt, und wir bedürfen alle der Barmherzigkeit Gottes, wenn wir diese Welt verlassen und hinüber gehen in die neue Welt.

Ich fürchte mich nicht vor dem Tod. Nein, ganz im Gegenteil. Ich bin aufgeregt wie vor einer großen Reise und ich freue mich auf diese vorläufig letzte Reise. Ich freue mich darauf, meine Frau wiederzusehen, die mir vor fast einem Jahr vorausgegangen ist. Ich freue mich, meinen Eltern wieder zu begegnen, die ich so lange nicht mehr gesehen habe. Und ich bin sogar gespannt darauf, meine Vorfahren endlich näher kennenzulernen, die Menschen, in deren Fußstapfen ich getreten bin und die mir den Boden bereitet haben. Der Tod ist nicht das Ende unseres Lebens, er ist ein neuer Anfang, der Schritt in ein neues Leben.

Warum sieht man hier in dieser Stadt so viele mürrische und griesgrämige Alte? Nicht weil es ihnen materiell schlecht geht. Gewiss, die Renten der meisten sind gering und sie sinken mit jedem Jahr. Aber das ist es nicht, was diese Menschen bedrückt. Sie haben Angst vor dem Tod, weil sie jeglichen Glauben an cin Fortleben nach dem Tode und eine Wiederauferstehung verloren haben.

Sie leben nur im Materiellen, im Diesseits, und darum fürchten sie um das Ende. Es ist wahr: viele alte Menschen sind verbittert, sind einsam, fühlen sich von ihrer Familie, falls sie denn überhaupt eine haben, von der Umgebung und von ihrer Gesellschaft verlassen. Sie brauchen Trost, sie brauchen Hoffnung, sie brauchen Seelsorge. Da sind wir Gläubige, Gläubige jeder Konfession und jeder Religion, gefordert. Wir sollten zu den alten Menschen, zu den Bewohnern der Altersheime, gehen und mit ihnen versuchen, ins Gespräch zukommen, ins Gespräch über den Tod, den sie mit

allem Mitteln aus ihrem Leben verdrängen wollen. Ich kenne Altersheime, in denen grundsätzlich keine Trauerfeiern stattfinden dürfen. Die Toten werden heimlich beiseite geschafft, damit bloß niemand etwas merkt.
Wir Muslime verdrängen den Tod nicht. Je älter man wird, desto häufiger, wird man zu Beerdigungen eingeladen. Das ist eine gute Übung. Mann kennt den Weg, wenn man die letzte Reise antritt.
Gott ist ein barmherziger Gott, auch in Hinblick auf den Tod, den alle erleiden, durchleiden müssen. Gott gibt jedem Menschen den Tod, der ihm zukommt. Die eine muss vorher ein langes, nicht selten schmerzhaftes Krankenlager überstehen. Das ist offenbar notwendig, um ihn für die große Reise, die ihm bevorsteht, innerlich zu rüsten. Andere schlafen friedlich ein, andere werden durch einen Schlag mitten aus dem Leben gerissen. Jeder stirbt seinen eigenen Tod, stirbt für sich allein.
Wer als Märtyrer im Kampf fällt, der stirbt in der Verheißung, unmittelbar in die ausgebreiteten Arme Gottes zu fallen. Da liegt mir mein jüdischer Bruder Sammy Jossifoff mit der Frage in den Ohren: *Und was ist mit den im Holocaust umgebrachten Menschen?* Ja, kann ich ihm antworten, sie sind in meinen Augen Märtyrer, Glaubenszeugen. Wie die verlorenen und von aller Welt verlassenen Kämpfer von Kerbela hat Gott der Barmherzige ihre unschuldigen und reinen Seelen zu sich in den Himmel aufgenommen.
Wenn ich selber von Gott gefragt werden sollte, welchen Tod ich mir wünsche, dann möchte ich nicht als Märtyrer sterben, so verlockend das auch sein mag, ich möchte als ein den Frieden liebender, friedlich gesonnener, eher pazifistisch als militant streitender Mensch lieber im Bett sterben als auf dem Schlachtfeld. Ich möchte in Ruhe, Gelassenheit und Gottergebenheit sterben, um diese Tür zu schließen und einzutreten in die andere Tür, die Gott für mich geöffnet hat.

Gottes Fürsorge

Als ich neun Jahre alt war, habe ich geträumt, dass eine Hindu-Göttin sich mir von hinten nähert und mir dann sanft über die Haare streicht. Sie war blond und hatte einen goldenen Kranz um ihren Kopf. Ich war 23 Jahre alt, als ich diese göttliche Erscheinung wieder gesehen habe, meine künftige Frau. Sie war offenbar von Gott nach Indien geschickt worden, um mich zu suchen, um mich zu heiraten und nach Deutschland zu holen, den Ort, den Gott als Arbeitsplatz für mich ausersehen hat. Wir haben zunächst heimlich geheiratet. Ich habe nur meinen Vater eingeweiht. Er hat mich verstanden. Wir mussten vorsichtig sein, um keinen Neid und keine unnötige Eifersucht in der Familie zu wecken.

Ich hatte 24 Kusinen, eine schöner als die andere, und alle hätten mich gern geheiratet. Entsprechend beleidigt haben Sie reagiert, als sie erfahren hatten, dass ich fremd gegangen war, dass ich eine Fremde zur Frau gewählt hatte. Eine von Ihnen fragte mich ein wenig herablassend: Warum hast Du ausgerechnet eine Fremde genommen? Ich habe ihr geantwortet: Was wäre passiert, wenn ich Deinen Vater um Deine Hand gebeten hätte? Er hätte geseufzt und danach gefragt: Mein Junge, wie viel Rupien hast Du inzwischen auf die hohen Kante gelegt? Hunderttausend? Dann mach weiter und klopf in zehn Jahren nochmal wieder an!

Glücklich die Menschen, bei denen die Liebe stärker ist als das Geld! Das Recht auf freie Gattenwahl ist für Männer wie für Frauen ein Menschenrecht, und wir Muslime tun gut daran, dass wir dieses Recht noch mehr beachten als bisher. Es ist nicht die Sache der Eltern, der Familien, der Sippe, den geeigneten Partner zu bestimmen. Es ist die Sache deren, die sich lieben. Ich bin fest davon überzeugt, dass Gott, wenn Er es gut mit uns meint, und Er meint es gut mit uns, den idealen Partner für uns aussucht. Den, der zu uns passt und der uns ergänzt. Und manchmal können es auch mehrere

Partner sein, Lebensabschnittsgefährten, wie es heute etwas abfällig heißt, aber auch dass kann mit Gottes Willen geschehen, mit Seinem Einverständnis. Gottes Liebe ist grenzenlos, und darum hat Er ein offenes Herz für alle, die sich ehrlich lieben. Gott ist immer mit den Liebenden.

Ich glaube nicht an die Vorherbestimmung. Dieser Glaube, den manche Muslime geradezu zu einem Dogma erheben, schließt den freien Willen aus. Welchen Weg der Mensch geht, das hängt nicht allein von Gott ab, sondern auch vom Willen des einzelnen, von seiner Kraft, seiner Willenskraft und seiner Gottesliebe. Selbst Tiere, Pflanzen, Berge und Täler, die Wolken im Himmel, die Erde und die Gestirne bewegen sich nicht nur auf vorbestimmten Bahnen, sie haben die Möglichkeit, aus der Reihe zu tanzen und eigene Wege zu gehen. Woran ich glaube, das ist Gottes Rechtleitung, seine Fürsorge für alle Geschöpfe. Gott überlässt nichts dem Zufall, ihm ist nichts gleichgültig. Er kümmert sich um alles. Er möchte uns glücklich sehen, auf Erden wie im Himmel. Aber das heißt nicht, dass Er uns Kummer erspart. Nein, Er will uns prüfen, Er will uns erziehen, damit wir näher zu Ihm kommen. Er zwingt uns nicht zu unserem Heil, aber gelegentlich legt Er harte Bandagen an und nimmt uns in die Mangel, damit in uns die Sehnsucht nach der Vereinigung mit Ihm wächst.

Unser Schicksal ist also nicht von Anfang an vorherbestimmt. Manche sagen, es steht in den Sternen. Als Chishti bin ich Anhänger einer sehr rationalen Theologie und müsste es eigentlich strikt ablehnen, dass der Mensch von dem Sternbild mitgeprägt wird, unter dem er geboren wird. Aber meine Lebenserfahrung sagt mir, dass an diesem vermeintlichen Aberglauben wohl doch etwas dran sein muss. Ich selber bin zum Beispiel ein typischer Zwilling. Dazu kommt, dass mein Aszendent Stier ist. Ich bin Rationalist auf der einen Seite und Mystiker auf der anderen Seite. Ich komme aus einer aristokratischen Familie und bin in meinen politischen Ansichten doch fast ein Ultralinker und ein

Anarchist. Meine Frau war Skorpion. Eine Skorpionfrau und ein Zwillingsmann können offenbar sehr gut miteinander harmonieren, aber wenn eine Zwillingsfrau und ein Skorpionmann zusammentreffen, scheint der Streit vorprogrammiert. Nicht nur die Charaktere scheinen durch das Sternbild zumindest mitbestimmt, vielleicht sind es auch die Lebenswege. Es ist auffällig, dass viel Literaten, Musiker und Künstler Schützen sind.

Nicht nur die Ehepartner sucht Gott für uns, Gott verwendet offenkundig viel Mühe darauf, für uns die richtigen Eltern zu finden. Meine Eltern kamen aus ganz verschiedenen Gegenden des indischen Subkontinents, aber Gott hat sie zusammengefügt, damit ich den Vater und die Mutter bekam, die Gott für mich ausersehen hat. Ich weiß, nicht alle Eltern sind ideale Eltern, und manche haben sogar Rabenmütter und Rabenväter, aber ich bin mir sicher, dass Gott auch in solchem Fall etwas Gutes im Schilde geführt hat und auch den Menschen, die kein glückliches Elternhaus haben, den Weg zu ihrem Heil weist.

Gott hat uns für das Paradies vorgesehen. Was ist das Paradies? Ich träume von einem eher bescheidenen Palast, wie ihn mein Großvater besessen hat, mit einem prächtigen Garten, mit vielen Gästezimmern, mit einer reichhaltigen Bibliothek. Ich freue mich darauf, dort meine Frau wiederzutreffen, und freue mich darauf, dass meine Freunde und Schüler, die sich auf der Erde um mich geschart haben, auch im Himmel meine bevorzugten Gäste und Diskussionspartner sein werden. Jeden Freitag, nach dem Gebet, treffen wir uns bei leiser Raga-Musik zum Dichter- und Sängerwettstreit. Einen meiner Schüler küren wir zum Dichterkönig. Zum Lobe seiner Kronprinzessin, die ihm sanft über sein Haar streicht – sie kommt wie ich aus Pakistan, dem Land der Reinen – , liest er wunderschöne Liebesgedichte, an denen sogar Allah seine Freude hat. So soll es sein.

Irgendwann werden wir alle unsere Körper wie eine zerschlissene Kleidung von uns werfen und in einem

Zeitraum von 40 Tagen in ein neues Gewand geschlüpft sein, in dem wir uns jung und schön wie neugeboren fühlen werden.
40 Tage, das ist natürlich eine symbolische Zahl, eine heilige Zahl. Aber ich denke, soviel braucht der Mensch, um diese Welt nach und nach, Schritt für Schritt, ein Bein vor das andere, zu verlassen. Nach dem Tod meiner Frau vor einem Jahr habe ich gemerkt, vierzig Tage hat sie gebraucht, um sich von dieser Welt, von ihrer irdischen Wohnung zu verabschieden und von allem, was sie an die irdische Welt bindet, loszusagen. Der Tod tritt ja nicht so plötzlich ein, wie manche denken. Er ist immer ein schrittweiser Übergang, ein allmählicher Loslösungsprozess. Der Mensch tritt in ein ganz neues Leben ein, ohne körperliche und räumliche Begrenzung, in ein geistiges Reich, das ihm ganz neue und ungeahnte Perspektiven eröffnet. An diese neue Welt muss sich der Mensch erst einmal gewöhnen, er muss flügge werden wie ein junger Vogel, der seinem Nest entfleucht, und er muss auch Zeit haben, um Abschied zu nehmen aus der engen, begrenzten, beschränkten Welt, aus der er gekommen ist. Es geht ihm so wie ein Baby, das neu zur Welt gekommen ist und zuerst noch schmerzhaft die enge Geborgenheit im Mutterleib vermisst, ehe es seine neuen Entfaltungsmöglichkeiten begreift.

Der Unvollendete Koran

Ob der Koran ewig sei, fragt Goethe zu Recht im west-östlichen Diwan. Meine Frage an meinen Imam war weit banaler. Ich wollte von ihm wissen, ob er nicht der Auffassung sei, das Heilige Buch sei in manchen Passagen veraltet.

Imam Razvi, dessen Bart längst nicht mehr grau, sondern schlohweiß geworden war, schüttelte sein weises Haupt. Der Koran, begannen seine Augen zu leuchten, ist gar nicht alt. Er ist das pure Gegenteil. Er ist jung. Er ist noch gar nicht fertig, er ist unvollendet.

Ich traute meinen Ohren nicht. Ich hatte in der letzten Zeit Mühe, meinen Lehrer richtig zu verstehen. Irgendwann würde ich mir ein Hörgerät zulegen müssen. Wie meinen Sie das? hakte ich nach. Der Koran ist dann vollendet, wenn er bei Ihnen selbst angekommen ist. Wenn Sie ihn ganz und gar verinnerlicht haben. Wenn Sie ihn sich ganz zu Herzen genommen haben.

Aber ich bin kein Prophet. Aber Sie sollten sich den Koran so zueigen machen, als hätte Gott sein Buch Ihnen ganz persönlich anvertraut, so wie Gabriel es dem Propheten offenbart hat, Stück für Stück. Solange das nicht geschehen ist, bleibt der Koran unvollendet.

Ich hatte Mühe, den Gedankensprüngen meines Imams zu folgen. Aber er ließ nicht locker. Mit einiger Mühe erhob er sich aus seinem Sessel, richtete sich auf und stellte sich an das Fenster in seinem Gästezimmer, um seinen Worten noch mehr Gewicht zu verleihen.

Sie denken, der Koran wurde nur dem Propheten offenbart. Sie irren, der Koran wurde an die ganze Menschheit gerichtet, an jeden einzelnen Menschen. Solange bis nicht auch der letzte Mensch die Botschaft des Korans begriffen hat, ist der Koran unvollendet.

Und was ist mit all denen, die das nicht geschafft haben? wollte ich von meinem Korangelehrten wissen.

Die müssen solange vor den Toren des Paradieses warten, bis sie, bis jeder einzelne seine Lektion gelernt hat.

Aber im Paradies hört das Lernen auf? Da wird der

Koran nicht mehr bloß gelernt und gelehrt. Da wird er vollendet. Da wird er gelebt. Mit allen Sinnen?
Mit allen Sinnen, den äußeren und den inneren Sinnen.
Und alle Verheißungen gehen in Erfüllung?
So ist es.
Auch die schwellenden Brüste?
Auch die! versprach mir mein Imam und drückte mich, so fest er es auf seinen wackligen Beinen noch konnte, an sich.

Zwischen zwei Stühlen

Imam Razvi im Gespräch mit Günter Grass

Während der Koranstunde in der Blauen Moschee an der Alster hatten wir heftig über den Widerspruch zwischen der Willensfreiheit des Menschen und der Vorherbestimmung Gottes gestritten. Als ich nach dem Gebet meinen Lehrer Imam Razvi auf seinem Nachhauseweg bis zur Bushaltestelle am Hofweg begleitete, setzten wir unser Streitgespräch unverdrossen fort. Weil wir immer noch zu keinem Ergebnis gekommen waren, schlug mein Imam vor, wir sollten unsere Kontroverse bei einem kleinen Abendimbiss im indischen Restaurant Taj Mahal fortsetzen. Ich war sofort einverstanden.

Als wir in das nach scharfen Gewürzen und nach Weihrauch duftende Restaurant eintraten, mussten wir feststellen, dass alle Plätze besetzt waren. Es war Samstagabend, und das Taj Mahal war voller deutscher, aber auch indischer Gäste. Als wir suchend durch die langen Tischreihen gingen, sahen wir, dass in einer Ecke an einem Tisch nur ein einziger Gast saß. Ohne lange zu überlegen, steuerte ich auf die freien Plätze zu. Doch wie erschrak ich, als ich erkannte, welcher einsame Gast dort saß, aß und las! Es war kein geringerer als unser Dichterfürst Günter Grass. Er füllte mit seiner Aura und seinem süßlichem Pfeifenrauch den hinteren Teil des Restaurants. Vor lauter Schreck wollte ich gerade kehrtmachen, als Grass zu mir aufblickte und uns freundlich einlud, an seinem Tisch Platz zu nehmen.

Er hatte mich, den verstockten Kommunisten, wiedererkannt und fragte mich scherz- und schalkhaft, wie es seine Art war: „Genosse Brecht junior, haben Sie Ihren Genossen Honecker schon im Gefängnis besucht?“ Diese Begrüßung war nicht eben nett, aber als boshaft habe ich sie nicht empfunden, zumal er nicht mehr nachsalzte. Ich war froh, dass sich seine Neugier rasch meinem Begleiter zuwandte. Ich stellte Günter Grass Imam Razvi vor, und der gut gelaunte Dichter schüttelte ihm die Hand mit der Bemerkung: „Im ersten Augenblick dachte ich, Sie wären mein verehrter Freund Salman Rushdie!“

In diesem Moment wäre ich am liebsten im Boden versunken. Ein schlimmeres Reizwort konnte es damals für meinen Imam nicht geben. Er hatte sich Monate lang mit Rushdies „Satanischen Versen“ herumgeschlagen. Er hatte in einer eigenen Fatwa den Mordaufruf Khomeinis zurückgewiesen und war dadurch in der Moschee, aber auch in den iranischen Medien heftigsten Angriffen ausgesetzt. Er hatte sogar Morddrohungen erhalten. Ich war mir sicher, dass Günter Grass von diesen innermuslimischen Auseinandersetzungen keine Ahnung hatte.

Mein Lehrer reagierte gelassen auf die Spitze des Blechtrommlers. Um abzulenken von dem leidigen Thema, fragte ich ihn, ob er nur zufällig in dieses Restaurant gekommen sei. Günter Grass gab bereitwillig Auskunft. „Ich habe augenblicklich ziemlich viel in Hamburg zu tun. Da hab ich mir in der Nähe in einer Pension ein Zimmer zum Arbeiten und zum Ausruhen gemietet. Und weil ich seit meinem Aufenthalt in Kalkutta ein Freund scharfer indischer Speisen geworden bin, schaue ich gern im Taj Mahal vorbei. Hier werde ich immer gut bedient. Der Chef weiß, dass ich selber gern koche und noch lieber gut esse.“ Damit war das Eis gebrochen, Imam Razvi stimmte in das Lob der Küche ein und erteilte dem Dichter eine kurze Fatwa über die Vorzüge der indischen und pakistanischen Kochkunst. Ein besorgter Kellner eilte herbei und wollte von seinem Stammgast wissen, ob er einverstanden sei, dass wir uns ungefragt an seinen Tisch gesetzt hatten. Der Gefragte antwortete kurz und bündig: „Die Herrschaften sind meine Gäste.“ Für diese spendable Geste war ich auch darum dankbar, weil ich gar nicht wusste, ob ich die Zeche überhaupt hätte zahlen können. Wir bedankten uns artig und bestellten auf Grass´ Kosten jeder eine Portion Pakora, Imam

Razvis pikant gewürzte Lieblingsspeise aus geröstetem Gemüse. Das Glas Reiswein, das uns unser Gastgeber zur Begrüßung anbot, lehnten wir beide allerdings aus guten Gründen ab. „Ich verstehe“, raunte der Spitzbart zu meiner Linken dem Langbärtigen an meiner rechten Seite zu, „jeder soll nach seiner Fasson selig werden. Erlauben Sie, dass ich trotzdem auf Ihr Wohl trinke!“ Bitte, antwortete mein Imam, es kommt allein auf die gute Absicht an!
Ich war erleichtert über die Großzügigkeit und die gute Laune des Meisters. Ich wusste nur zu gut, dass Grass auch sehr grantig sein konnte. Meine letzte Begegnung mit ihm lag damals mehr als fünf Jahre zurück und fiel in eine Zeit, in der die Welt noch klar in West und Ost geschieden war In Hamburg tagte damals ein internationaler PEN-Kongress, an dem ich als nicht eingePENter Autor nicht teilnehmen durfte. Mir war nur eine Randrolle zugedacht. Ich war von meiner kommunistischen Partei dazu ausersehen, dem Stargast des Kongresses, Ernesto Cardenal, den Kulturminister des revolutionären Nicaragua und Träger des Friedenspreises des deutschen Buchhandels, durch die Gedenkstätte für den von den Nazis ermordeten Kommunistenführer Ernst Thälmann zu führen. Wie ein treuer Parteisoldat wartete ich eine geschlagene Stunde vor dem Portal des Hamburger Rathauses, ehe Günter Grass vor das Tor trat und mir den Dichterpriester aus Lateinamerika für zwei Stunden überantwortete, als wollte ich ihn kreuzigen. Bevor er uns unsere Wege gehen ließ, hat er mich mit einer gepfefferten Strafpredigt überzogen, in der er weder am Kommunismus insgesamt noch an mir als Person ein gutes Haar ließ. Aber vielleicht, habe ich mir hinterher gedacht, war es nur die Eifersucht, die ihn so in Rage gebracht hatte, denn als Dolmetscherin hatte ich eine zierliche indianische Schönheit mitgebracht, meine Herzensliebe Nancy aus Ecuador. Oder der Dichterpräsident war in Wirklichkeit nur sauer auf seinen priesterlichen Ehrengast, der aus Gründen politischer Ausgewogenheit drauf bestanden hatte, auch den Kommunisten seine Aufwartung zu

machen. Doch von diesem Furor war bei unserer Begegnung im indischen Restaurant nichts mehr zu spüren. Die Zeiten hatten sich geändert, und Günther Grass hatte sich auch geändert. Zu mir meinte er versöhnlich: „Jetzt, wo es die DDR nicht mehr gibt, mag ich sie viel lieber!"

Auch wenn das Eis inzwischen zum guten Teil geschmolzen war, fühlte ich mich trotzdem sehr unsicher in meiner Haut. Ich saß nicht nur zwischen zwei Stühlen, sondern auch zwischen zwei Lehrstuhlinhabern, wie sie unterschiedlicher gar nicht sein konnten. Der eine war wortmächtig, der andere kein Mann großer Worte. Ich saß auf keinem bequemen westöstlichen Diwan, sondern eher auf einer harten Schulbank. Ich fühlte mich eingeklemmt zwischen zwei verschiedenen Welten und wusste nicht, wie ich sie überbrücken sollte. Der tonangebende Dichter mir zur Linken lebte und wirkte auf einer ganz anderen Ebene als mein Lehrer und Seelsorger zu meiner Rechten. Ich war die einzige Verbindung zwischen beiden und suchte krampfhaft nach Anknüpfungspunkten für neue Gesprächsthemen.

Mit fiel ein Stein vom Herzen, als mein Imam sich direkt an Günter Grass wandte: „Ich habe Ihre Blechtrommel gelesen, allerdings nur in englischer Sprache." Der Dichter hörte aufmerksam zu. „Zu Anfang war ich schockiert von Ihrer drastischen Sprache. Das ist für uns Muslime zugegeben eine schwere Kost. Aber später habe ich Sie darum beneidet, mit welcher Kühnheit, mit welcher Selbstironie und mit wieviel Spottlust Sie über den Krieg mit all seinen Schrecken geschrieben haben. Unsere Literatur in Pakistan, aber auch in Indien, ist von diesem Freimut noch weit entfernt. Wir stecken immer noch in den Schützengräben des indisch-pakistanischen Bruderkrieges, und bisher hat kein Dichter es gewagt, die alten Feindbilder in Frage zu stellen."

„Auch Salman Rushdie nicht?" wollte Grass wissen. Da fiel es wieder, das Reizwort, aber mein Lehrer behielt seine indische Gemütsruhe. „Nein", antwortete er, „an dieses Thema hat er sich meines Wissens noch nicht heran getraut. Bedenken Sie, Herr Grass, Sie waren ungefähr 17 Jahre alt, als Sie aus Ihrer Vaterstadt Danzig vertrieben wurden. Ich war auch 17 Jahre alt, als ich zusammen mit meiner Familie aus meiner indischen Heimat in Bihar nach Pakistan verjagt wurde. Damals waren bei uns Millionen auf der Flucht von Ost nach West, und sehr, sehr viele Menschen sind dabei ums Leben gekommen."

Ich hatte das Gefühl, Günter Grass fand, wenn nicht Gefallen, so doch ein lebhaftes Interesse an seinem ungewohnten Gegenüber. Er bat ihn zu erklären, wie er von Indien über Pakistan nach Deutschland gekommen ist und welches Amt er an der persischen Moschee ausübt. Auf diesem Umweg kamen meine Gesprächspartner, die unterschiedlicher nicht sein konnten, dann doch zur Sache; zur Sache, die damals beide Männer gleichermaßen heftig umhertrieb. Der Dichter vom Dienst fragte den Theologen direkt: „Und was halten Sie nun von Salman Rushdie? Ist er des Todes würdig?" Mein Lehrer hatte diese und ähnliche Fragen in den voraufgegangenen Monaten viele Male zu beantworten versucht, aber nicht gerade gegenüber Günter Grass, der damals nicht nur in Deutschland, sondern vermutlich in der ganzen Welt als die moralische Instanz galt, die mit allen Kräften und mit hohem persönlichen Einsatz versuchte, eine weltumspannende Widerstandsfront gegen den Mordbefehl aus Teheran aufzubauen.

Während der Grandsigneur gelassen seine Pfeife anzündete, antwortete ihm Imam Razvi ohne Umschweife: „Ich habe die Satanischen Verse im englischen Original gelesen. Im Vertrauen: ein wunderbares Buch, dessen ganzer Witz vielleicht nur der ganz versteht, der im freigeistigen Islam des Subkontinents zuhause ist. Ich habe mich bei der Lektüre köstlich amüsiert. Als ich von der Todesfatwa aus Teheran erfuhr, war ich entsetzt. Khomeini oder diejenigen, die in seinem Namen Urteile fällen, haben das Buch entweder nicht gelesen oder nicht verstanden. Sie kennen nur zwei oder drei anstößige Stellen, die vollkommen aus dem

Zusammenhang gerissen worden sind. Diese Zitate könnte man notfalls schwärzen, aber sie rechtfertigen keine ewige Verdammnis oder gar einen Mordbefehl."
Günter Grass war höchst erstaunt. Aus dem Munde eines muslimischen Geistlichen hatte er eine so eindeutige Stellungnahme nicht erwartet. Er wollte wissen: „Haben Sie Ihre Einstellung auch öffentlich gemacht?"
Mein Imam erklärte: „Ich habe wenige Tage nach der Veröffentlichung des Mordbefehls eine Gegenfatwa veröffentlicht und darin deutlich gemacht, dass in meinem Wirkungsbereich, in Deutschland, das Rechtsgutachten aus Teheran keine Gültigkeit hat."
Der Dichter wollte wissen: „Das können Sie? Das dürfen Sie?"
Razvi stellte klar: „Ich bin Mujtahed. Ich habe meine Lehrlizenz an der Universität in Ghom erworben, der theologischen Hochschule, an der auch Khomeini gelehrt hat. Ich habe damit die Kompetenz erhalten, in meinem Wirkungsbereich Rechtsgutachten, Fatwas, zu erstellen und zu verkünden. Meine Gutachten gelten für Deutschland, so wie Khomeinis theologische Urteile für den Iran gelten, aber keinesfalls über die Grenzen hinaus."
Grass bedankte sich aufrichtig für diese Klarstellung. Er drängte zum Aufbruch, weil vor dem Restaurant ein Taxi auf ihn wartete, das ihn ins Theater bringen sollte. Während er seinen kamelhaarbraunen Mantel überzog, wollte er von uns beiden wissen: „Und Sie glauben auch an das Paradies?" Ich überließ meinem Lehrer die passende Antwort: „Wir streben danach. Wir arbeiten daran. Und Sie, Herr Grass, woran glauben Sie?"
Grass, gut gelaunt, meinte, in dem er den Hut nahm, „Ich glaube höchstens an den Club der toten Dichter! Im Übrigen wäre in Ihrem Salon für so einen wie mich oder Rushdie sowieso kein Platz!"
„Da irren Sie sich, Herr Grass!" rief ihm mein Imam nach. „In den Lesesälen des Himmels brauchen wir Widerspruchsgeister wie Sie. Ohne Sie würde es in der himmlischen Bibliothek ziemlich langweilig werden."

Die Lotosblüte

Mit der Wahrheit, so erfahre ich von Imam Razvi, verhält es sich wie mit einer wunderschönen Lotosblume. Man kann ihren Duft einatmen, man kann im Licht der Morgensonne den Abglanz ihrer einzigartigen Schönheit ahnen. Sie blüht, für unsere Hände unerreichbar, auf dem Wasser eines unzugänglichen Sees. Dieser See ist meistens von undurchdringlichen Nebelschwaden verhüllt. Nur ab und an lichtet sich der Nebel, und unser Blick fällt wie durch einen Schleier auf die Blüte. Dann entschwindet sie wieder vor unseren Augen.

Nicht anders verhält es sich mit der Wahrheit. Wir vermögen sie oft nur für Sekunden zu erkennen, oder besser: zu erahnen; dann entzieht sie sich wieder unserer Erkenntnis, so wie die geheimnisvolle Lotosblüte immer wieder von Nebelbänken verhüllt wird.

Wir könnten versuchen, in den See zu steigen und die kostbare Blume abzubrechen, damit sie uns ganz allein gehört und wir sie gleichsam mit Händen greifen können. Aber in dem Augenblick, in dem wir die Blüte von ihrem Stamm und ihrer Wurzel trennen, stirbt sie ab, sie wird sofort welk und verliert alle Farbe und allen Glanz.

Die Wahrheit gehört niemandem außer Gott allein. Sie ist wie eine Lotosblüte, die wir in lichten Momenten von fern ehrfürchtig bestaunen dürfen, die wir aber nie selbst in den Händen halten können.

Trauerrede für Imam Razvi

Liebe Nouschin, lieber Nouri, liebe Maha, lieber Sinan, liebe Schwester Halima Krausen, die Du das seelsorgerliche Amt aus den Händen unseres Imams übernommen hast und in seinem Sinne und Geist weiterführst,
liebe Schülerinnen und Schüler unseres Lehrers Imam Mehdi Razvi,
liebe Angehörige der durch ein geistiges Band fest miteinander verbundenen Razvi-Weltfamilie,
liebe Schwestern und Brüder gleich welchen Glaubens, Muslime, Christen, Juden, Buddhisten, Hindus,
liebe Vertreter der unterschiedlichen, im interreligiösen Dialog miteinander verbundenen Religionsgemeinschaften,
seid gegrüßt und seid willkommen, so wie Ihr stets im Hause, am Tisch oder auf den Gebetsteppichen von Imam Razvi willkommen wart.

Wir sind heute von nah und fern zusammen gekommen, um uns vor einem wunderbaren, durchgeistigten, wahrhaft erleuchteten Menschen zu verneigen. Vor einer großen, religionsgeschichtlich bedeutsamen Persönlichkeit, vor einem universal gebildeten, weltweit wirkenden, in den Weisheiten des Morgenlandes wie des Abendlandes gleichermaßen bewanderten Theologen, Philosophen und Gelehrten. Vor einem begnadeten, von Weisheit und dem Wissen um verborgene Zusammenhänge erfüllten Mystiker, vor einer Lichtgestalt, deren Strahlkraft in einer dunklen, glaubensfernen Zeit umso stärker leuchtet.

Imam Razvi war und ist von einem Licht erfüllt, das nicht von dieser Welt ist. Als ich am Montagabend kurz nach seinem physischen Tod in sein Sterbezimmer trat, es war die Zeit der Abenddämmerung, lag er da, als hätte er sich eben selbst zur Ruhe gelegt, zu einem kurzem Mittagsschlaf. Seine schmalen Lippen

schienen zu lächeln. Es war sein bekanntes Lächeln, aber ein wenig schelmischer als sonst. So als wollte er uns sagen: Ich hab's geschafft! Von seinem weißen Bart, seinen Haaren auf dem Kopf und vor allem von seiner Stirn ging ein Leuchten aus, das den ganzen Raum erhellte und erfüllte. Es war der Abglanz des Lichtes, aus dem er gekommen war und in das er jetzt zurückgekehrt ist. Als wir seinen Körper auf die Totenbahre hoben, waren wir erstaunt, wie leicht er geworden war, so als wäre alle Erdenschwere, alle Last, aller Staub und Schmutz seines irdischen Lebens schon von ihm gefallen.
So sterben Heilige! Nein, sie sterben nicht! Sie gehen nur fort von uns an einen anderen Ort, an dem sie Gott noch näher sind, als sie es auf Erden schon waren. Darum sind wir nicht gekommen, um Abschied von Imam Razvi zu nehmen, sondern um uns gemeinsam zu vergewissern, das wir ihm verbunden bleiben. Jetzt erst recht, das er uns ein Ansporn ist und bleibt, ein Vorbild, ein Licht und eine Leuchte auf unseren Lebenswegen aus dieser Welt hinüber in die andere Welt, in die uns unser Lehrer und Imam in dieser Tagen vorangereist ist.
Als Imam Razvi uns vor einem Vierteljahr nach dem Freitagsgebet an einem Tisch in einem türkischen Restaurant am Altonaer Bahnhof noch einmal um sich versammelt hatte, war er fröhlich, heiter und gelassen wie in seinen besten Erdentagen.

Er sprach in leuchtenden Farben von den Freuden des Paradieses. Er nahm die Verheißungen des Korans zugleich wörtlich und bildlich und wünschte sich zu allen himmlischen Freuden noch eine Vergünstigung dazu, eine reichhaltige Bibliothek, um in den Büchern nach Herzenslust zu lesen. Und, ergänzte er fast spitzbübisch, ich möchte bei meinem himmlischen Türöffner darum bitten, dass ich meine philosophischen Zirkel am Donnerstagabend in bewährter Form fortsetzen kann, mit Tee und kleinem orientalischen Gebäck, wie es meine liebe Frau all die Jahre serviert hat.

Nachdem Imam Razvis Körper zur Totenwaschung gebracht war, habe ich mich in seinem Sterbezimmer noch einmal umgeschaut. Auf seinem Nachttisch neben dem Bett lagen sein Koran, das Neue Testament und die hebräische Bibel, alle Heiligen Bücher voller Lesezeichen und Merkzettel in verschiedenen Farben. Gleich daneben stand ein kleiner Stapel mit poetischen Werken auf Urdu, Persisch und Deutsch, mit Gedichten von Goethe, Rumi und Iqbal. Aufgeschlagen neben seinem Kissen lag das Buch, in dem er bis kurz vor seiner Todesstunde gelesen hatte: Annemarie Schimmels Pakistanbuch: „Pakistan, das Schloss mit tausend Toren".

Es ist wahr, Imam Razvi liebte seine pakistanische Heimat über alles. Und doch war er davon überzeugt, dass Gott ihn mit voller Absicht ausgerechnet nach Deutschland entsandt hat, in dieses vom Krieg und Kriegesschuld so verheerte und versehrte Land, das so sehr nach einer ethischen und geistigen Erneuerung hungerte. Seine deutsche Frau Ingrid, die als Lehrerin und Entwicklungshelferin nach Pakistan gekommen war und die er während einer gefährlichen und endlosen Bahnfahrt kennen und lieben gelernt hatte, half ihm, rasch in diesem fremden und fernen Land heimisch zu werden. So wurde Hamburg, er hat das immer wieder betont, zu seiner wahren Heimat. Hier und nirgendwo anders wollte er begraben werden. An der Seite seiner Frau, mit der er ein Leben lang mit Leib und Seele verbunden war. Die ihm eine verlässliche und starke Stütze war und der er, der Traum- und Himmelswandler, seine Bodenhaftung und seinen Sinn für die Nöte des Alltags zu verdanken hatte.

Mit seiner Auswanderung folgte er der mehr als 1.400 Jahre langen Tradition seiner Familie. Seine Vorfahren entstammen der Familie des Propheten, sie sind von Mekka aus über Bagdad, immer wieder auf der Flucht, bis Samarkand gezogen, und kamen von dort über Afghanistan nach Indien. Während der Moghulzeit entstammten der Razvi-Familie sowohl bedeutende Maharadschafürsten als auch berühmte Chishti-

Gelehrte, Mystiker und als Heilige verehrte Imame. In diesem Umkreis hat Imam Razvi seine Kindheit erlebt, ehe seine Familie all ihres Besitzes beraubt und nach Pakistan vertrieben wurde.
Iman Razvi hat diese Herkunft nie im engen Sinne genealogisch verstanden und daraus irgendwelche Ansprüche abgeleitet. Im Gegenteil: seine prophetische Abstammung war für ihn vor allem eine geistige und ethische Richtschnur, eine immer währende Mahnung, ein geistlicher Auftrag. Als Sendbote des Islam in Deutschland ist er ganz klein und bescheiden angefangen. Während seines Studiums hat er zu Beginn der Sechzigerjahre an der Hamburger Universität die ersten Freitagsgebete geleitet.
Sie fanden zunächst im Keller des von Professor Thielecke geleiteten Theologischen Seminars am Alsterufer statt und wurden dann nach dem Umzug in den Philosophenturm im Lagerraum eines jüdischen Zeitschriftenhändlers gegenüber dem heutigen Abaton-Kino fortgesetzt. Wenn sie viele waren, dann waren ihrer sieben wie in der Siebenschläferlegende.
Als die Imam-Ali-Moschee an der Alster noch nicht einmal als Rohbau fertig war und außer dem Gebetssaal nur einige hintere Räume zugänglich waren, hat Imam Razvi vor einem halben Jahrhundert mit seinem deutschsprachigen Koranunterricht an jedem Samstagnachmittag um vier Uhr begonnen. Zu Anfang waren seine Koranschüler zu dritt oder zu fünft. Sie blieben lange Jahre an den Fingern zu zählen.
Aber mit der Zeit wurden es immer mehr, und das Besondere an Razvis Koranschule war: die Teilnehmer kamen nicht nur aus ganz verschiedenen Ländern, sondern aus unterschiedlichen Konfessionen, Rechtsschulen und Kulturen. Ihre Verständigungssprache war nicht Arabisch, nicht Persisch, nicht Türkisch, sie war Deutsch, so holprig das im Anfang auch geklungen haben mag. In dieser multikulturellen Zusammensetzung erkannte Imam Razvi bald eine einzigartige Chance für den innerislamischen Dialog. Denn in den muslimischen Kernländern waren die Anhänger einer

bestimmten Rechtsschule durchweg unter sich, während unter der Kuppel des „Islamischen Zentrums Hamburg“ – so wurde die Moschee auf Drängen Razvis schließlich offiziell genannt – Muslime aus allen Himmelsrichtungen miteinander ins Gespräch, in einen Gedankenaustausch und einen produktiven Glaubensstreit kamen. Auf diese Weise wurde ein Grundstein gelegt, auf dem Jahre später die Schura aufgebaut werden konnte, der Rat der inzwischen 42 islamischen Gemeinden und Gemeinschaften in unserer Freien und Hansestadt Hamburg, der inzwischen zum Vorbild für ganz Deutschland geworden ist.
Razvis legendärer Koranunterricht hat sich immer mehr geöffnet. Nach der Revolution im Iran gab es unter den Teilnehmern zuweilen mehr Christen als Muslime. Juden kamen hinzu, Buddhisten, Hindus, Angehörige verfolgter religiöser Minderheiten aus dem Libanon, Ägypten oder Pakistan, und selbst erklärte Atheisten oder enttäuschte Kommunisten suchten das Gespräch mit unserem Lehrer und Meister.
Im Islamischen Zentrum arbeitete Imam Razvi mit bahnbrechenden Theologen aus dem Iran zusammen, mit so bedeutenden Gelehrten wie Mohagheghi, Beheschti, Khatami, Shabestari oder Ansari, allesamt erklärte und streitbare Islamreformer. Dank Razvi und ihnen wurde die Blaue Moschee an der Alster zu einem weithin, auch in die Politik und in die Gesellschaft hinein ausstrahlenden Ort der spirituellen und der intellektuellen Begegnung, zu einem Leuchtfeuer der Gottergebenheit, das Suchende aus allen Richtungen in seinen Bann zog und zieht. Imam Razvis kleines Arbeitszimmer in der Ecke hinter dem Gebetssaal, der Bibliotheksraum, in dem der Koran unterrichtet wurde, und nicht zuletzt der Keller unter der Moschee, in dem bei Tee und Gebäck der Streit um die rechte Auslegung oft bis zum Nachtgebet fortgesetzt wurde, wurden zu Austragungsorten für geistliche Dispute, die in vielen Köpfen und Herzen fortgewirkt haben und wirken. In diesen Gesprächskreisen hat Imam Razvi schon seit früh die Idee zu einem damals geradezu tollkühn

und utopisch anmutenden, von orthodoxen Kritikern sofort als ketzerisch abgetanes Projekt entwickelt, das allen Widerständen zum Trotz seit einigen Jahren greifbare Gestalt angenommen hat: die Akademie der Weltreligionen.

Imam Razvi war zeitlebens ein Sämann. Die Saat, die er anfänglich auf steinigen Boden und zwischen die Dornen gesät hat, ist inzwischen aufgegangen, sie blüht, wächst und gedeiht, sie trägt erste Früchte, sie pflanzt sich fort. Der interreligiöse Dialog, vor allem der jüdisch-christlich-muslimische Trialog, war, ist und bleibt Imam Razvis Herzensangelegenheit. In seiner Kindheit in Indien hatte er hinduistische, buddhistische und anglikanische Lehrer. Während seiner Studienzeit in Hamburg setzte er sich intensiv mit der protestantischen Reformtheologie, mit Tillich, Barth und Bultmann, auseinander.

Mit dem Münsteraner Theologen Pöhlmann führt er später ein auch in Buchform veröffentlichtes Streitgespräch über Abraham als den Stammvater aller monotheistischen Religionen. Mit den katholischen Bischöfen des Erzbistums Hamburg steht er in brüderlicher Verbindung. Er nimmt mehrere Male am Weltgebetsforum in Assisi teil und begegnet dort auch dem Papst. Mit großer Beharrlichkeit sucht er das Gespräch mit der jüdischen Gemeinde in Hamburg und mit dem Zentralrat der Juden in Deutschland, auch in schwierigen Zeiten und unter widrigen Umständen wie heute.

Bei seinen „Entdeckungsreisen im Koran" – so der Titel seines wohl bedeutendsten Buches – ist Imam Razvi sehr sorgfältig, langsam und behutsam vor- und vorangegangen. Allein für die Eröffnungssure hat er ein Jahr lang gebraucht. Als er um die Jahrtausendwende seinen Unterricht am Samstagnachmittag seiner Nachfolgerin, Imamin Halima Krausen, übergab, war er gerade einmal in der 38. Sure angelangt. Bei aller philologischen Sorgfalt ist es ihm nie um Buchstabengelehrsamkeit gegangen. Er hat getreu seiner mutazilitischen Schule leidenschaftlich nicht für ein wortwörtliches, sondern sinnhaftes Verstehen des Gotteswortes gestritten. „Aql“, Vernunft, war sein Richtschnur bei der Auslegung und zeitgemäßen Anwendung der Koranverse. Er war strikt dagegen, einzelne Verse aus ihrem Kontext herauszureißen, sondern wollte sie aus dem Zusammenhang heraus verstanden wissen. Wenn es im Streit um das richtige Verstehen hart auf hart ging, dann stand der sonst so bedächtige und friedfertige Lehrer auf und verteidigte mit dem ganzen Einsatz seiner Feuerzunge seine Theologie der Barmherzigkeit. Seine von Liebe und Barmherzigkeit geprägte Gotteserfahrung ließ den Verdacht nicht zu, Gott halte es für richtig, dass Männer ihre Frauen schlagen, dass Dieben die Hände abgehackt werden und Ungläubige zur ewigen Hölle verdammt werden. Er hat energisch gegen die männliche Dominanz in der islamischen Theologie Stellung bezogen und immer wieder darauf hingewiesen, dass von den 99 Namen Gottes weit über die Hälfte mit weiblichen Tugenden und Eigenschaften verbunden sind. Wenn Gott den Menschen nach seinem Bilde geschaffen hat, so hat Imam Razvi uns immer wieder vor Augen gehalten, dann hat er dabei zuerst an die Frau gedacht. Die Frau als Mutter und als Inbegriff der Schönheit verkörpert in seinen Augen Gottes Idealvorstellungen von einem Menschen weit mehr als der Mann.

Imam Razvi liebte den Propheten – Friede sei mit ihm – über alles. Aber er liebte ihn nicht sklavisch und nicht abgöttisch. Es kam für ihn nicht darauf an, dieselbe Zahnbürste zu benutzen und den gleichen Wüstenburnus zu tragen. Er verstand den Mantel des Propheten wie ein Gewand, auf dem die Verse aus der Eröffnungssure geschrieben stehen: „Lob sei Gott, dem Weltenherrn, dem Erbarmer, dem Barmherzigen“. Bei aller Sanftmut: Imam Razvi hat den Konflikt nie gescheut, auch im eigenen Gotteshaus nicht. Zum Beispiel, als er in einer eigenen Fatwa dem Bannfluch gegen Salman Rushdie öffentlich widersprach. Als er Homosexuelle gegen Diffamierungen in Schutz nahm. Als er Terror und Gewalt in vermeintlich islamischen

Ländern anprangerte. Er hat kein Blatt vor den Mund genommen, er hat seine Stimme erhoben, gefragt, aber notfalls auch ungefragt. Er war kein Guru zum Anfassen, er lehnte jeden Personenkult um ihn strikt ab. Er wollte keine hörigen, sondern mündige, selbstbewusste, selbst denkende Schüler. Er war ein ganzer Mensch, auch mit Ecken und Kanten, auch mit seinen wunden Punkten, die von den Verletzungen und Beleidigungen herrührten, die ihm im Laufe seines Lebens auch von islamischer Seite zugefügt wurden.

Imam Razvi war demütig und bescheiden, aber dennoch stets gentlemanlike. Er war in seinen jungen Jahren, daran kann ich mich aus der Studentenzeit noch gut erinnern, eine stolze Erscheinung. Sein gerader Gang und seine schöne Gestalt machten überall Eindruck, nicht zuletzt bei den Frauen. Imam Razvi war durchaus ein Genießer, er liebte gutes und scharf gewürztes Essen, am liebsten aus seiner Heimat auf dem Subkontinent. Er konnte selbst hervorragend kochen und war als Gastgeber ein wahrer Abraham.

Und vor allem konnte er lachen, laut lachen, aus voller Kehle und aus voller Seele. Noch sein Lächeln konnte verzaubern, konnte augenblicklich Frieden und Versöhnung stiften. So wie sein Lächeln auf dem Sterbebett.

In späteren Jahren war es vor allem Imam Razvis unvergleichliche Aura der Weisheit und der Güte, die alle Menschen, gleich welchen Glaubens, in ihren Bann zog. Imam Razvi stand schon früh im Geruch der Heiligkeit.

Dafür kann ich auf der Stelle etliche Zeugen benennen, zum Beispiel die Busfahrer der Buslinie 20. Wenn ich nach dem Koranunterricht mit ihm zusammen in den Bus einstieg und wir unsere Fahrkarten vorzeigen wollten, dann kam es immer wieder vor, dass der Fahrer rief: „Heilige kommen umsonst in den Himmel, die fahren auch bei mir umsonst!" Als einmal am Goldbekplatz gleich vier Kontrolleure auf einmal in den Bus einstiegen, war ich in Sorge, was nun passieren würde. Ich überlegte mir, ob ich heimlich das Bußgeld für unseren Lehrer zahlen sollte, um ihm die Verlegenheit zu ersparen. Doch was geschah? Plötzlich fing ein Reisender im Bus an zu randalieren. Alle vier Kontrolleure stürzten sich auf den Unruhestifter und stiegen mit ihm an der nächsten Haltestelle aus, ohne ihre Kontrolle fortzusetzen. Es war, als hätte Imam Razvi sich für einen Augenblick sogar die Dschinnen dienstbar gemacht.

Jetzt hat Imam Razvi, unser Lehrer, unser Seelsorger, unser Beistand, unser Vorbeter, unser Licht in der Finsternis seine vorläufig letzte Reise angetreten. Ob er damit zur Ruhe kommt, lässt sich von hier aus kaum sagen. Zu Lebzeiten pflegte der Imam zu sagen: *Heaven is no holiday*. Die Reise geht weiter, immer näher zu Gott.

Wir gehen gleich zum Grab, um unserem verstorbenen Imam das letzte Geleit zu geben. Aber wir sind nicht die letzten, wir sind die ersten, die sich auf dem Weg zu Iman Razvis Grab machen. Wie zu den vielen Heiligengräbern der Imame in seiner pakistanischen Heimat, so werden von nun an Gläubige von überall her zu seinem Grab pilgern. Sie werden dort wie wir Gott danken für einen so erleuchteten Menschen, sie werden dort beten und Trost suchen bei Gott, dem Gnädigen und Barmherzigen, Imam Razvis und unser aller Gott.

Salamaleikum, Friede sei mit Dir, geliebter Imam Razvi, Frieden sei mit allen, die sich hier zu Ehren Imam Razvis versammelt haben, und mit allen, die sich dieses wunderbaren Menschen in Liebe und Dankbarkeit erinnern.

(Gehalten von Peter Schütt am 30. Mai 2013 in der Kapelle 13 auf dem Friedhof in Hamburg-Ohlsdorf)

Peter Schütt
… und Jesus ist sein Prophet

Ein Weihnachtsspiel nach dem Koran

mit einer Einführung
von Karam Khella
und
mit Marienbildern
von Petra Langsdorff

ISBN 978-3-939710-10-3
3. Auflage 2013
12 €

Die wunderbare Geburt Jesu hat seit zwei Jahrtausenden Evangelisten, Dichter und Schriftsteller immer wieder zu neuen Einfällen inspiriert. Die vermutlich am häufigsten erzählte Geschichte der Menschheit wird von Peter Schütt neu aufbereitet. Als Grundlage nimmt er die Berichte des Korans.
Petra von Langsdorff bereichert das Werk um acht Kunstwerke über das Mysterion der Geburt, das durch die Langzeitgeschichte immer wieder und in unterschiedlichen Formen erzählt wird. Die literarische Fassung von Schütt in Prosa und Poesie und die malerische Kunst von Langsdorff ergänzen sich gegenseitig und aktualisieren die alte Geschichte zu lebendigem Ereignis. Die beiden Medien, Dichtung und Malerei, vereinen sich harmonisch miteinander und verleihen Weihnachten eine originelle, aber neue Faszination. Maria und Jesus auf der Flucht vor zweitausend Jahren hier und heute.
Zur Weihnachtsgeschichte von Peter Schütt mit Bildern von Petra von Langsdorff schreibt Karam Khella eine Einleitung, in der er Geschichtslücken im Leben Jesu zu schließen versucht.

Karam Khella

Jesus und die Ursprünge des Christentums

ISBN 3-921866-88-X
263 Seiten
19 €

Die Entstehung des Christentums lag bislang zum großen Teil im Dunkeln. Über Leben und Wirken Jesu berichten nur die Evangelisten aus Glaubensüberzeugung und missionarischem Interesse. Karam Khella untersuchte Materialien und entdeckte neue Quellen, die ihn in die unmittelbare Nähe der Ereignisse führten. In diesem Werk stellt er eine integrierte Entstehungsgeschichte des Christentums dar. Aufregende Erkenntnisse macht der Verfasser über den Urtext der Evangelien und die authentischen Worte Jesu. Wir sind nicht mehr auf die altgriechische Fassung angewiesen. Es gibt ein Urevangeliar, das älter ist als die griechische Version. Eine Textauswahl mit kritischer Analyse und deutscher Übersetzung zeigt, wie sehr die kanonische Fassung sich vom Urtext entfernt hat. Somit nehmen Leserinnen und Leser an einem neuartigen Erkenntnisprozess von der Urgeschichte des Christentums teil.